I0568904

·LERNEN·
JAPANISCH
für Anfänger

LERNEN JAPANISCH

Hiragana Katakana & Kanji N5

SPRACH-ARBEITSHEFT FÜR ANFÄNGER

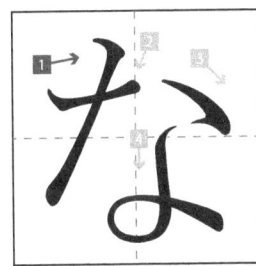 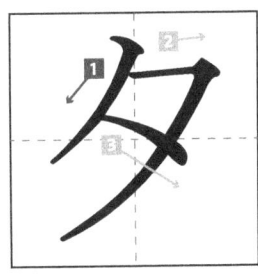 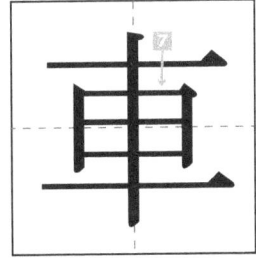

NEUE 3-IN-1 DREIFACHE ARBEITSBUCHAUFLAGE

POLYSCHOLAR

www.polyscholar.com

INHALT

Tipp: *Dieses Buch funktioniert am besten mit Gelschreibern, Bleistiften, Kugelschreibern und ähnlichen Medien. Seit vorsichtig mit Markern und Tinte, da schwere oder nasse Medien zum Ausbluten des Papiers oder zur Übertragung auf die Seiten darunter führen können. Hier sind einige Testkästchen, mit denen ihr prüfen könnt, wie gut eure Stifte geeignet sind:*

JAPANISCH LERNEN

Die ersten Schritte beim Erlernen des Lesens, Schreibens und Sprechens der japanischen Sprache sind das Erlernen von **Hiragana & Katakana!** Wenn Sie mit dem Nachschlagen von Diagrammen der Zeichen beginnen, wird es schnell zu einer entmutigenden Aufgabe - aber dieses Buch wurde so konzipiert, dass Sie es **einfacher und schneller** in den Griff bekommen.

Wir beginnen mit einigen grundlegenden Hintergrundinformationen, um Ihnen ein besseres Verständnis dafür zu vermitteln, wie das gesamte Sprachsystem funktioniert. Dann, nach einem kurzen Blick auf die verschiedenen "Alphabete" *(ja, es gibt mehr als eins!)*, werden wir direkt mit dem Lernen der Kana beginnen!

WIE SIE DIESES BUCH VERWENDEN

Wie beim Erlernen jeder Sprache ist die Wiederholung einer der schnellsten Wege, sie zu lernen. Dieses Arbeitsbuch enthält sorgfältig gestaltete Anleitungen, die Ihnen beibringen, wie man jedes Zeichen schreibt, mit Platz zum Üben Ihrer neu erworbenen japanischen Kalligraphiekenntnisse:

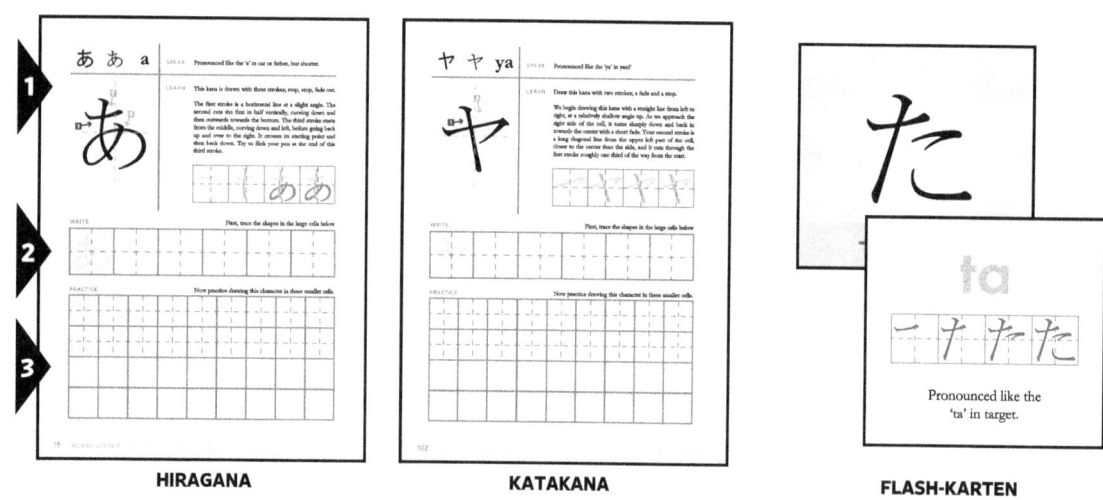

HIRAGANA   **KATAKANA**   **FLASH-KARTEN**

Im hinteren Teil dieses Arbeitsbuchs finden Sie zusätzliche Raster, die Sie verwenden können, nachdem Sie gelernt haben, einige (oder sogar alle) Kana zu schreiben - diese Rasterseiten werden traditionell als Genkouyoushi (oder 原稿用紙 auf Japanisch) bezeichnet, was "Manuskriptpapier" bedeutet.

Der letzte Teil dieses Arbeitsbuchs enthält eine Reihe von Seiten im Stil von Lernkarten, die entweder fotokopiert oder ausgeschnitten werden können. Sie sind eine großartige Hilfe, um sich die Symbole einzuprägen und Ihr Wissen zu testen. Jüngere Lernende sollten sich beim Ausschneiden von einem Erwachsenen helfen lassen!

JAPANISCHE SCRIPTE

Wenn Sie Japanisch lernen, werden Sie auf vier sehr unterschiedliche Arten von Schriften (oder Alphabete) stoßen. Das mag sich zunächst kompliziert anhören, aber es sollte gleich viel mehr Sinn ergeben - vor allem, weil Sie bereits eine davon verstehen werden!

RŌMAJI ローマジ

Wörtlich übersetzt bedeutet dies "römische Buchstaben" und ist eigentlich nur eine Darstellung der japanischen Sprache mit bekannten englischen Buchstaben. Sie wird nur verwendet, um die Sprache in eine Form zu übersetzen, die Nicht-Japaner verstehen können. Im alltäglichen Gebrauch ist sie nicht sehr verbreitet.

Die anderen drei Schriften, Hiragana, Katakana und Kanji, werden ständig verwendet, und sie werden normalerweise kombiniert, um Wörter und Sätze in der japanischen Alltagssprache zu bilden. Jede Schrift hat ihren eigenen Zweck und zusammen sagen sie uns, was Wörter bedeuten, woher sie kommen und wie sie ausgesprochen werden sollten.

HIRAGANA ひらがな

あいうえおかきくけこ

Dies ist die erste Schrift, die wir lernen, und sie besteht aus einfachen Zeichen, die aus runden Formen bestehen. Anders als das englische Alphabet ist es eine phonetische Schrift, und jedes Zeichen steht für einen Silbenlaut. Jedes Mal, wenn Sie ein bestimmtes Zeichen sehen, werden Sie wissen, wie es klingt.

KATAKANA カタカナ

アイウエオカキクケコ

Auch dies ist eine einfache phonetische Schrift. Katakana stellen die gleichen Silbenlaute dar wie Hiragana, werden aber für Wörter verwendet, die aus anderen Sprachen entlehnt wurden, wie z.B. ausländische Namen, moderne Technologien oder Lebensmittel. Ihr Erscheinungsbild ist kantiger und stacheliger.

Wörtlich übersetzt als "chinesische Buchstaben" sind Kanji Zeichen, die der chinesischen Sprache entlehnt sind. Im Gegensatz zu den anderen Schriften, die Laute darstellen, zeigen Kanji-Symbole Bedeutungsblöcke, wie ganze Wörter oder eine allgemeine Idee über etwas.

年本月生米前合事社京

Es gibt buchstäblich Tausende von Kanji, und es werden ständig neue geschaffen, sodass sie selbst für die fortgeschrittensten Linguisten eine ziemliche Herausforderung darstellen. Es gibt eine gewisse Logik, wie sie gemacht werden, sodass Sie schließlich erraten oder verstehen könnten, was diese Symbole bedeuten, die Sie vorher noch nicht gesehen haben.

KANA-SILBENBÜCHER

Hiragana und Katakana (allgemein als Kana bekannt) haben jeweils 46 Grundzeichen, die im Gegensatz zu den englischen Buchstaben einen anderen gesprochenen Laut (anstelle eines Buchstabens) darstellen.

Hiragana	あ	い	う	え	お
Katakana	ア	イ	ウ	エ	オ
Romaji	a	i	u	e	o
	'ah'	'ee'	'oo'	'eh'	'oh'

Praktisch alle diese Laute basieren auf nur 5 "Vokallauten", denen wir einen Konsonantenlaut voranstellen, um neue zu bilden.

Dieses Buch zeigt Ihnen, wie Sie alle grundlegenden Hiragana und Katakana schreiben können, und auch, wie zusätzliche Laute durch die Kombination der Grundzeichen entstehen. Am Ende des Buches werden Sie in der Lage sein, die Zeichen zu schreiben, die die meisten der für Japanisch benötigten Laute bilden.

Die nächsten Seiten enthalten eine Menge Informationen, aber versuchen Sie, sich davon nicht überwältigen zu lassen. Zusätzlich zu den Diagrammen aller grundlegenden Kana, die Sie lernen werden, werden wir einige der grundlegenden Regeln zum Kombinieren dieser Symbole aufschlüsseln - dann ist es Zeit, den Stift zu Papier zu bringen!

SCHREIBRICHTUNG

Japanische Texte sind oft in vertikalen Spalten angeordnet, die von oben nach unten geschrieben und gelesen werden, eine Spalte nach der anderen, beginnend auf der rechten Seite. Seit dem Ende des Zweiten Weltkriegs wird die bekanntere horizontale Ausrichtung verwendet - gelesen wird von links nach rechts, wie in der englischen Sprache. Dies gilt für alle unterschiedlichen Schriften.

Der Text in diesen Beispielen ist bis auf die Lese- und Schreibrichtung identisch:

1. 私は犬を飼っています。
彼女は行儀が良い。
彼らは寝るのが好きです。
多くの場合、一日中。
多分彼女は怠け者です。

Tategaki
縦書き
(*'vertikales Schreiben'*)

2. 私は犬を飼っています。
彼女は行儀が良い。
彼らは寝るのが好きです。
多くの場合、一日中。
多分彼女は怠け者です。

Yokogaki
横書き
(*'horizontales Schreiben'*)

Beide Stile sind akzeptiert und werden oft aufgrund des Layouts und Designs des Dokuments gewählt. Im Allgemeinen werden vertikale Layouts für traditionelle Texte verwendet, während horizontaler Text in moderneren Schriften oder auf offiziellen Dokumenten zu finden ist. Eine Sache, die Sie sich merken sollten, ist, dass Bücher mit dem tategaki (vertikalen) Schreibstil in der entgegengesetzten Richtung zu englischen Büchern gebunden sind, so dass Sie tatsächlich mit dem Lesen vom hinteren Einband beginnen!

PRONUNKATION

Das Erlernen einer guten Aussprache des Japanischen beginnt mit dem Erlernen der Kana-Schriften, da diese die meisten Laute abdecken, die wir für die gesamte Sprache benötigen. Es ist wichtig, dieses frühe Stadium zu üben, wenn Sie einen natürlich und muttersprachlich klingenden Akzent entwickeln wollen.

Hinweis: Dieses Arbeitsbuch enthält eine sehr grundlegende Einführung in die japanische Aussprache, da diese am effektivsten mit Audio unterrichtet wird. Jede der Übungsseiten verwendet ein ähnlich klingendes Wort oder eine Silbe aus dem Englischen, um die Laute zu beschreiben - es ist eine gute Übung, diese laut zu wiederholen, während Sie durch das Buch gehen.

STRICHE & LINIEN

Japanische Schriften wurden ursprünglich mit einem Pinsel geschrieben und haben ein tintiges, gemaltes Aussehen. Heutzutage verwenden wir moderne Stifte, aber es ist wichtig, dass wir lernen, mit den traditionellen Bewegungen und Strichen zu schreiben. Praktischerweise enthält das Hiragana-Zeichen け (oder 'ke') jede der drei Arten von Strichen, die Sie verwenden werden - um zu beschreiben, wie man die Zeichen im nächsten Kapitel schreibt, haben wir ihnen Namen gegeben, die widerspiegeln, wie sie gemacht sind und aussehen:

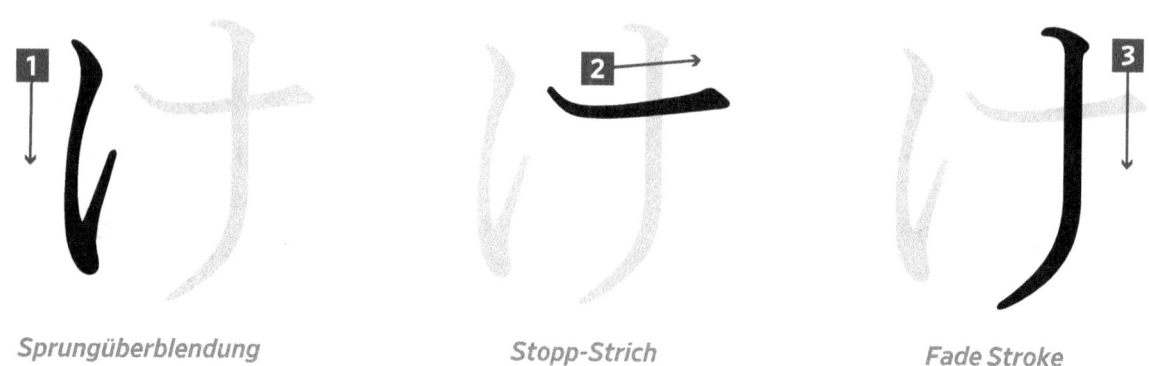

Sprungüberblendung　　　*Stopp-Strich*　　　*Fade Stroke*

Die '**Sprungüberblendung**' wird mit einem schnellen Abheben des Stifts vom Papier am Ende dieses Strichs ausgeführt. Der '**Stopp-Strich**' ist genau das, wonach er klingt: Ihr Strich wird zu einem definitiven Stopp gebracht, bevor Sie den Stift anheben. Ein '**Fade Stroke**' wird gemacht, indem Sie Ihren Stift sanfter vom Papier abheben, während Ihre Hand in Bewegung ist. Sie können sich vorstellen, wie die Linie dünner wird und ausläuft, wenn Sie eine dicke, nasse Pinselspitze allmählich vom Blatt abheben.

SCHREIBSTIL

Dieses Buch wird Ihnen beibringen, wie man Hiragana mit den Standardbewegungen schreibt, die auf den gebürsteten Erscheinungen basieren, aber Sie werden im Laufe des Lernens auf andere Zeichenstile stoßen:

Diese Zeichen haben alle die gleiche Bedeutung, sehen aber nur etwas anders aus, weil sie entweder von Hand, mit Kugelschreibern oder Bleistiften angefertigt oder als moderne digitale Schrift auf einem Bildschirm (oder im Druck) dargestellt werden. Auch wenn sich das Aussehen leicht ändert, bleibt die Bedeutung erhalten.

Teil 2

HIRAGANA-TABELLEN & GRUNDREGELN

Diese Tabelle zeigt die 46 grundlegenden Hiragana mit einer Schreibweise in Romaji für einen ähnlichen phonetischen Klang. Die Vokallaute stehen oben und ihre Gegenstücke mit Konsonantenlauten sind darunter dargestellt. **Beachten Sie die Ausnahme 'n' - auch *wo ist ein ungewöhnliches Kana.*

Vokale

	a	i	u	e	o
	あ a	い i	う u	え e	お o
k	か ka	き ki	く ku	け ke	こ ko
s	さ sa	し shi	す su	せ se	そ so
t	た ta	ち chi	つ tsu	て te	と to
n	な na	に ni	ぬ nu	ね ne	の no
h	は ha	ひ hi	ふ fu	へ he	ほ ho
m	ま ma	み mi	む mu	め me	も mo
y	や ya		ゆ yu		よ yo
r	ら ra	り ri	る ru	れ re	ろ ro
w	わ wa		ん **n		を *wo

Konsonanten

DIAKRITIKA

Zusätzlich zu den grundlegenden Hiragana gibt es **25 diakritische** Zeichen. Diese stehen für ähnlich klingende Silben, die unterschiedlich ausgesprochen werden. Es sind im Wesentlichen die gleichen Grundsymbole, aber mit zusätzlichen Zeichen, um anzuzeigen, dass sie mit einem leicht veränderten Klang ausgesprochen werden sollten:

Grundlegend　　　　*mit Dakuten*　　　　*mit Handakuten*

Grundlegende Hiragana mit diesen kleinen Strichen *(Dakuten)* oder einem Kreis *(Handakuten)* darüber zeigen, dass der konsonantische Teil des Lautes beim Sprechen verändert werden muss:

- k-werden mit einem g-Laut ausgesprochen.
- s-Töne wechseln zu einem Z-Ton (außer し).
- t-Töne werden zu d-Tönen.
- h-Töne werden bei Dakuten zu B-Tönen.
  ...oder P-Töne mit dem Handakuten.

	a	i	u	e	o
k ▸ g	が ga	ぎ gi	ぐ gu	げ ge	ご go
s ▸ z	ざ za	じ ji	ず zu	ぜ ze	ぞ zo
t ▸ d	だ da	ぢ dzi (ji)	づ dzu	で de	ど do
h ▸ b	ば ba	び bi	ぶ bu	べ be	ぼ bo
h ▸ p	ぱ pa	ぴ pi	ぷ pu	ぺ pe	ぽ po

DIGRAPHEN

Diese Gruppe von Symbolen wird Digraphen genannt - unter Verwendung von zwei Grundzeichen, die wir bereits gesehen haben, zeigen sie, wo zwei Silbenlaute kombiniert werden, um einen neuen zu erzeugen:

き (ki) + や (ya) = きゃ (kya)

Beim Schreiben dieser Buchstaben ist es wichtig, dass das zweite Zeichen deutlich kleiner gezeichnet wird als das erste. Daran erkennt man, dass die beiden Laute kombiniert werden sollen.

Die Aussprache dieser sogenannten zusammengesetzten Hiragana-Laute ist recht einfach - zum Beispiel wird き (ki) + や (ya) zu きゃ (kya) und wir sprechen es wie 'kiya' ohne den 'i'-Laut aus.

Lassen Sie sich von der Tabelle unten nicht abschrecken - alle Digraphen werden ausschließlich mit Buchstaben aus der Spalte い/i gebildet (außer sich selbst) und sie werden nur durch Buchstaben aus der Zeile Y verändert!

きゃ kya	きゅ kyu	きょ kyo	ぎゃ gya	ぎゅ gyu	ぎょ gyo
しゃ sha	しゅ shu	しょ sho	じゃ ja	じゅ ju	じょ jo
ちゃ cha	ちゅ chu	ちょ cho	にゃ nya	にゅ nyu	にょ nyo
ひゃ hya	ひゅ hyu	ひょ hyo	びゃ bya	びゅ byu	びょ byo
ぴゃ pya	ぴゅ pyu	ぴょ pyo	りゃ rya	りゅ ryu	りょ ryo
みゃ mya	みゅ myu	みょ myo			

DOPPELKONSONANTEN

Einige japanische Wörter enthalten einen doppelten Konsonantenlaut. Wenn wir diese Wörter schreiben, fügen wir ein zusätzliches Symbol in Form eines kleinen つ/tsu (genannt sokuon) hinzu, um zu zeigen, dass es anders ausgesprochen werden muss. Schauen wir uns ein Beispiel an:

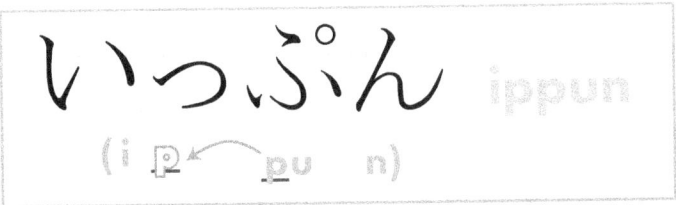

Ohne das kleine つ (tsu), hat das Wort いぷん (ipun) keine Bedeutung, aber いっぷん (ippun), mit dem sokuon, bedeutet (eine) Minute.

Beachten Sie, dass das kleine つ vor dem Zeichen platziert ist, von dem es den zusätzlichen Konsonantenlaut übernimmt. Wenn Sie Wörter mit diesem Modifikator sehen, wird der konsonantische Teil des Zeichens, das ihm folgt (in diesem Beispiel das 'p' aus 'pu'), an das Ende des Lautes davor angefügt.

Beide Konsonanten müssen beim Sprechen des Wortes getrennt zu hören sein, so als würde man "ip--pun" sagen, aber ohne eine hörbare Lücke zu hinterlassen.

LANGE VOKALLAUTE

Genauso wie es doppelte Konsonantenlaute gibt, müssen wir uns auch der verlängerten Vokallaute bewusst sein (z. B. aa, ii. oo, ee und uu). Beim Sprechen verlängern wir einfach die Dauer des Lautes (normalerweise doppelt), aber beim Schreiben dieser Wörter wird der lange Vokallaut mit einem zusätzlichen Zeichen (Chouon genannt) dargestellt. Das verwendete Zeichen variiert je nach Vokal:

Vokale	Extender
a	あ
i / e	い
u / o	う

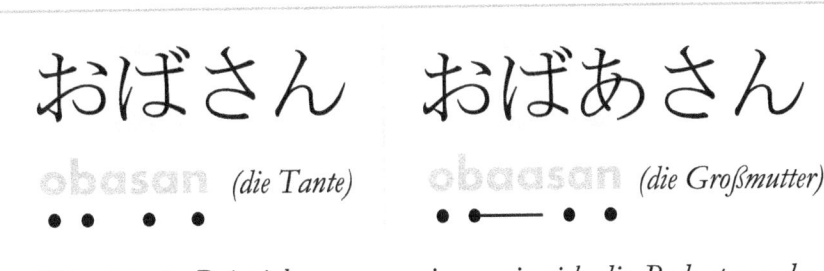

Hier ist ein Beispiel, um zu zeigen, wie sich die Bedeutung des Wortes ändert, indem der längere Vokalton hinzugefügt wird!

Die japanische Sprache ist voll von Ausnahmen, aber die lernt man mit der Erfahrung. Es ist nur nützlich, sich der doppelten Konsonanten und Vokale erst einmal bewusst zu sein, damit Sie verstehen, wenn Sie einen sehen!

Teil 3

LERNEN, WIE MAN HIRAGANA SCHREIBT

あ　あ　**a**

Wird ausgesprochen wie das "A" in "Apfel".

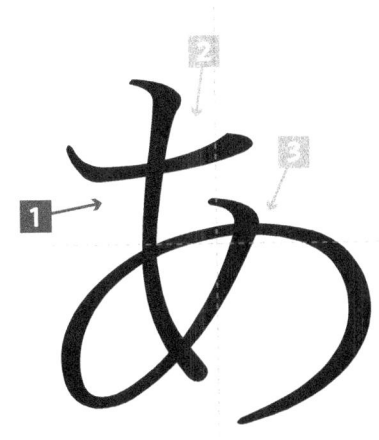

LERNEN　Gezeichnet mit drei Strichen; stop, stop, ausblenden.

Der erste Strich ist eine horizontale Linie in einem leichten Winkel. Der zweite schneidet den ersten vertikal in der Mitte und wölbt sich nach unten und dann nach außen zum Boden hin. Der dritte Strich beginnt in der Mitte, krümmt sich nach unten und links, bevor er wieder nach oben und nach rechts verläuft. Er kreuzt seinen Startpunkt und geht dann wieder nach unten. Versuchen Sie, Ihren Stift am Ende dieses dritten Strichs zu schnippen.

SCHREIBEN　　Zeichnen Sie zunächst die Formen in den großen Zellen unten nach.

ÜBEN　　Üben Sie nun das Zeichnen dieser Figur in diesen kleineren Zellen.

い　い　**i**

Wird wie das "I" in "Igel" ausgesprochen.

Mit zwei Strichen gezeichnet; Sprungüberblendung, Stopp.

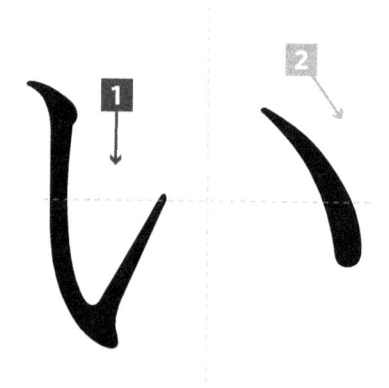

Der erste Strich ist eine geschwungene diagonale Linie, die unten scharf nach oben abbiegt und mit einem Federstrich endet. Diese Art der Freigabe mit einer scharfen Wendung wird als Hane bezeichnet. Wenn Sie eine Hane schreiben, ist es so, als ob dieser Strich mit dem nächsten verbunden wird. Der zweite Strich beginnt fast dort, wo Ihr erster aufhört - zeichnen Sie eine entgegengesetzte geschwungene Linie vom ersten Strich, kürzer als der erste, ohne die Hane.

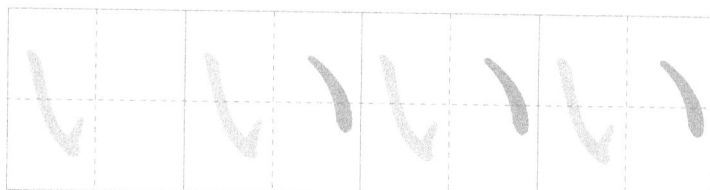

Zeichnen Sie zunächst die Formen in den großen Zellen unten nach.

Üben Sie nun das Zeichnen dieser Figur in diesen kleineren Zellen.

う　う　**u**

Wird ausgesprochen wie das "u" in "zu".

Gezeichnet mit zwei Strichen; Sprungüberblendung, Stopp.

Ziehen Sie die kurze schräge Linie oben in der Mitte und schnippen Sie den Stift zurück und nach links weg. Achten Sie auf den zweiten Strich, wenn Sie den Stift wegschnippen - er beginnt fast dort, wo der erste endete, in der gleichen Richtung. Die Ohrform wölbt sich nach rechts oben und dann nach unten zur unteren Mitte. Schnippen Sie den Stift auch bei diesem Strich. Der erste Strich sollte nicht zu groß sein, sonst wirkt er unausgewogen.

Zeichnen Sie zunächst die Formen in den großen Zellen unten nach.

Üben Sie nun das Zeichnen dieser Figur in diesen kleineren Zellen.

え え **e**

Wird als "eh" ausgesprochen, wie das "E" in "Engel".

Gezeichnet mit zwei Strichen; Sprungüberblendung, Stopp.

Wir beginnen genau wie beim vorherigen Hiragana う, mit einem kurzen schrägen Strich oben in der Mitte. Für den zweiten Strich stellen Sie sich vor, dass Sie die Zahl 7 schreiben und dann ein wenig nach oben ziehen, bevor Sie eine kleine Welle zeichnen. Verlängern Sie diesen Strich, aber schnippen Sie den Stift nicht von der Seite.

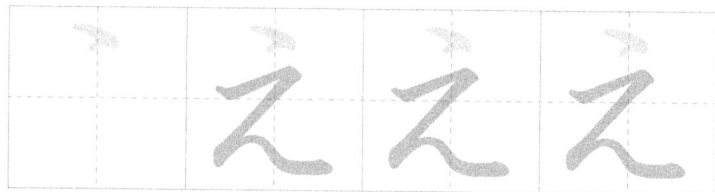

Zeichnen Sie zunächst die Formen in den großen Zellen unten nach.

Üben Sie nun das Zeichnen dieser Figur in diesen kleineren Zellen.

お　お　o

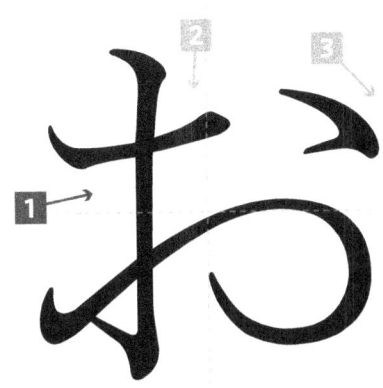

LERNEN　Gezeichnet mit drei Strichen; stop, fade, stop.

Beginnen Sie mit einem kurzen waagerechten Strich, genau wie bei あ, aber etwas tiefer und nach links. Der zweite Strich halbiert den ersten mit einer vertikalen Linie, die unten scharf nach links abknickt. Dann dreht er sich wieder, um einen großen Bogen zu erzeugen, bevor er am Ende den Stift abschnippt. Der dritte kleine Strich setzt oben rechts an den ersten Strich an.

SCHREIBEN　Zeichnen Sie zunächst die Formen in den großen Zellen unten nach.

ÜBEN　Üben Sie nun das Zeichnen dieser Figur in diesen kleineren Zellen.

か　か **ka**

Wird wie "Ka" ausgesprochen, wie in "Kaffee".

Gezeichnet mit drei Strichen; Sprung, Stopp, Stopp.

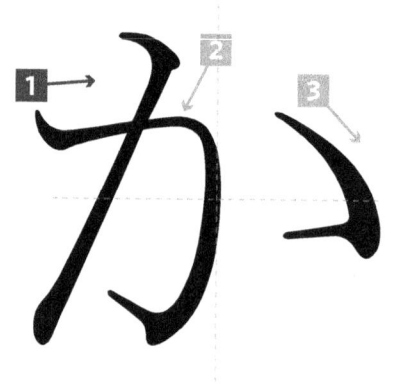

Beginnen Sie mit einem horizontalen Strich, bevor Sie senkrecht nach unten drehen und nach links zurückbiegen - enden Sie mit einer Hane. Der zweite Strich kreuzt den ersten, von der oberen Mitte nach links unten. Der letzte Strich ist eine schräge Kurve, die nach rechts übergeht. Es ist wichtig, dass dieser Strich länger ist als die kleinen Striche im vorherigen Kana, damit er nicht als Modifikator gelesen wird.

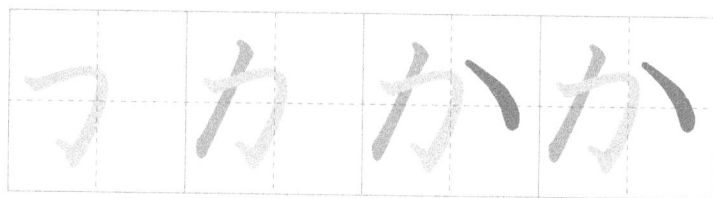

Zeichnen Sie zunächst die Formen in den großen Zellen unten nach.

Üben Sie nun das Zeichnen dieser Figur in diesen kleineren Zellen.

き　き　**ki**

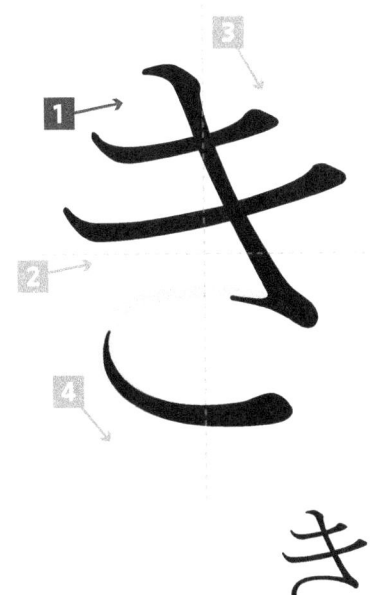

SPRECHEN Wird ausgesprochen wie das "Ki" in "Kiste".

LERNEN Vier Striche; Anschlag, Anschlag, Sprungblende, Anschlag.

Ihre ersten beiden Striche sind parallele Linien, von links nach rechts und in einem leichten Winkel. Strich drei durchschneidet die ersten beiden und endet mit einer Hane. Zeichnen Sie Ihre Hane nach oben, um die vierte Markierung zu setzen. Zeichnen Sie die letzte gebogene Stoppmarke nach rechts herum. In manchen Schriften sieht man diese Markierungen oft miteinander verbunden, wie in der kleinen Abbildung links gezeigt, aber dies ist die richtige Art, dieses Zeichen zu zeichnen.

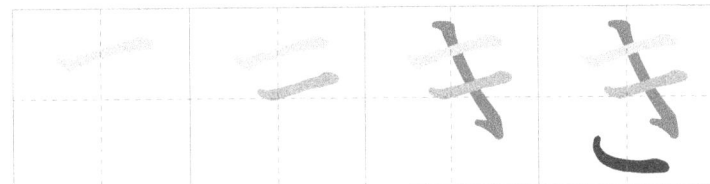

SCHREIBEN　　　　Zeichnen Sie zunächst die Formen in den großen Zellen unten nach.

ÜBEN　　　　Üben Sie nun das Zeichnen dieser Figur in diesen kleineren Zellen.

〈 〈 ku

Ausgesprochen wie "Kuh".

Mit einem Strich gezeichnet; einem Stopp.

Dieses Einzelstrichzeichen wird ähnlich wie eine öffnende spitze Klammer gezeichnet, jedoch mit einer leichten Biegung nach innen. Versuchen Sie, darauf zu achten, dass der Start- und Endpunkt vertikal ausgerichtet sind, um ein ordentliches, ausgewogenes Zeichen zu erzeugen.

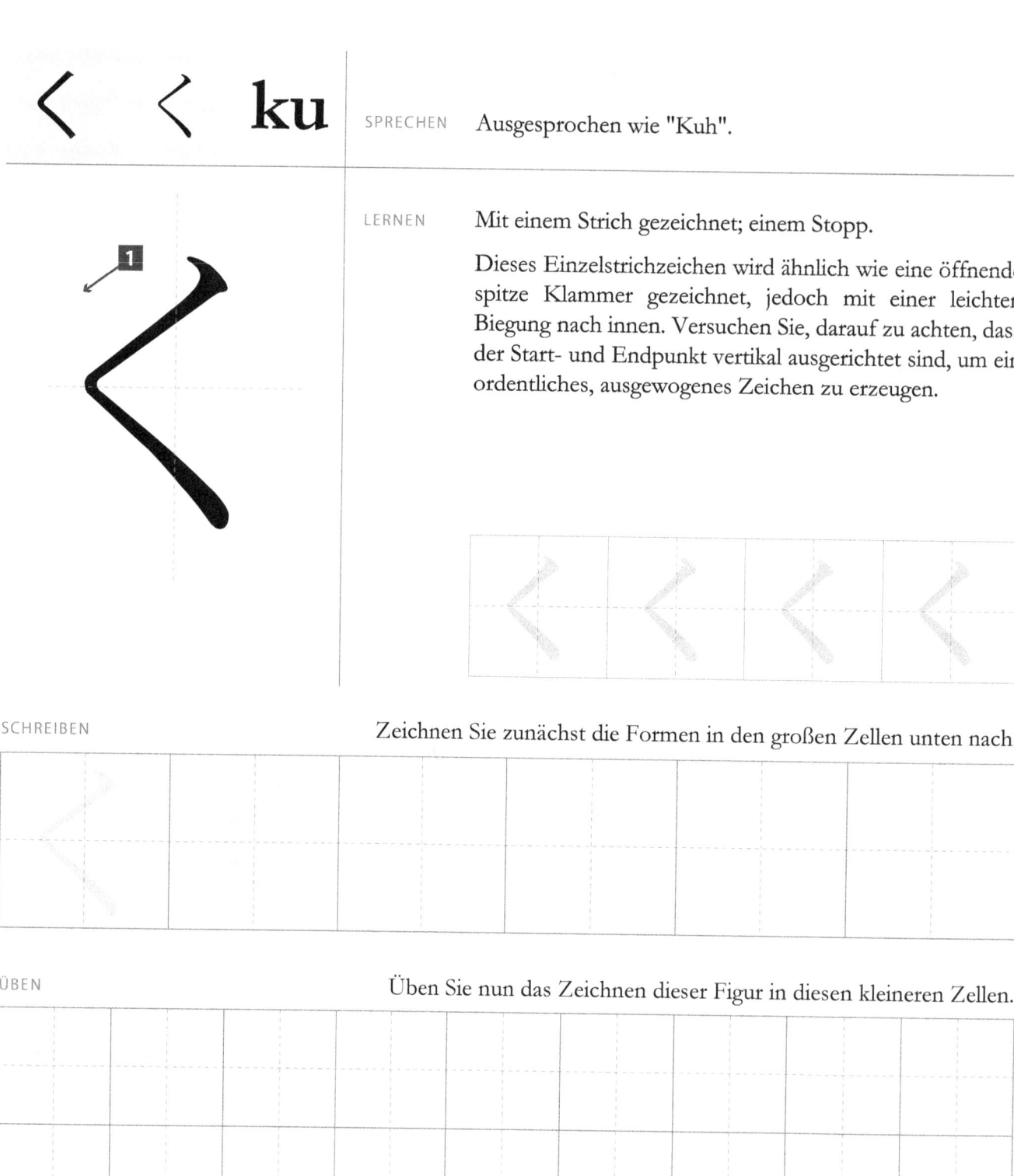

Zeichnen Sie zunächst die Formen in den großen Zellen unten nach.

Üben Sie nun das Zeichnen dieser Figur in diesen kleineren Zellen.

け け **ke**

Ausgesprochen wie das "ke" in "Keller".

LERNEN   Drei Zeilen; Sprungüberblendung, Stopp Überblendung.

Zeichnen Sie den ersten Strich abwärts mit einer leichten Kurve nach außen und endend mit einer Hane. Die zweite Markierung erfolgt als Fortsetzung der Hane, mit einer kurzen Linie von links nach rechts. Der letzte Strich ist wieder eine senkrechte Linie nach unten, diesmal mit einer Kurve nach links. Er beginnt ein wenig höher als höher als zuvor und endet auch tiefer. Beenden Sie diesen Strich mit einem Schnipsen des Stifts.

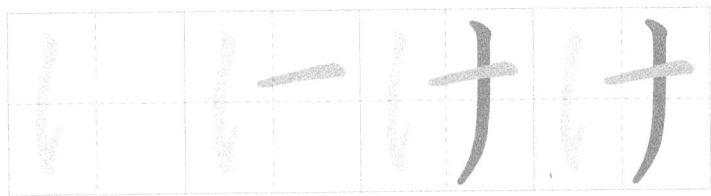

SCHREIBEN   Zeichnen Sie zunächst die Formen in den großen Zellen unten nach.

ÜBEN   Üben Sie nun das Zeichnen dieser Figur in diesen kleineren Zellen.

こ こ **ko**

Ausgesprochen "ko" wie in "Disko".

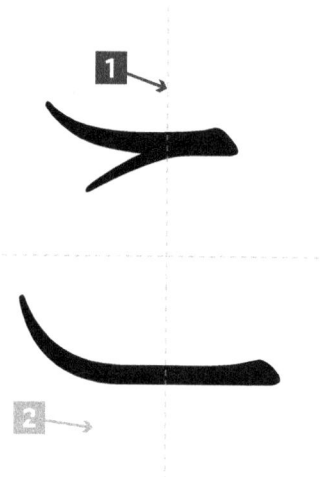

LERNEN　Mit zwei Strichen gezeichnet; ein Sprung und ein Stopp.

Zeichnen Sie dieses Kana mit zwei Strichen, die nach innen gebogen sind und sich fast zu einer großen Schleife verbinden. Die erste Markierung ist eine gebogene horizontale Linie, die mit einem Hane endet. Der zweite Strich beginnt weiter unten und nach links. Die Striche sollten so aussehen, als würden sie sich fast zu einer geschlossene Kreisform.

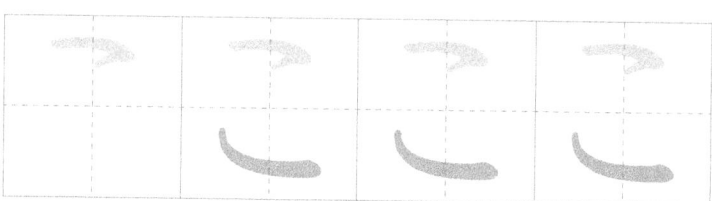

SCHREIBEN　　　　　　Zeichnen Sie zunächst die Formen in den großen Zellen unten nach.

ÜBEN　　　　　　Üben Sie nun das Zeichnen dieser Figur in diesen kleineren Zellen.

24

さ さ **sa**

Wird wie das "ßa" ausgesprochen, wie in "großartig".

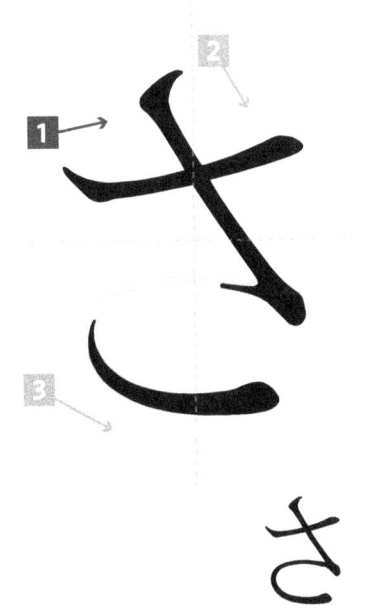

LERNEN Gezeichnet mit drei Strichen; Stopp, Sprung, Stopp

Wird ähnlich geschrieben wie き, jedoch ohne den ersten kurzen Strich. Beginnen Sie mit dem schrägen waagerechten Strich von links nach rechts. Ihr zweiter Strich durchschneidet diese Markierung und endet mit einer Hane. Die dritte Markierung entsteht, indem Sie den Stift nach dem Hane leicht absetzen und zurückbiegen. Dieses Kana wird oft als verbunden dargestellt, aber die richtige Methode ist, den Stift anzuheben.

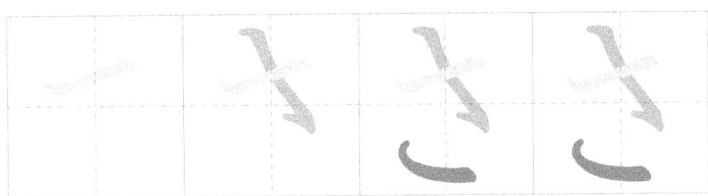

SCHREIBEN Zeichnen Sie zunächst die Formen in den großen Zellen unten nach.

ÜBEN Üben Sie nun das Zeichnen dieser Figur in diesen kleineren Zellen.

し し **shi**

SPRECHEN Ausgesprochen "schie" wie in "schieben".

LERNEN Zeichnen Sie dieses Kana mit einem einzigen Strich; eine gebürstete Überblendung.

Dieses Kana wird mit nur einem Strich geschrieben. Es beginnt als senkrechte Linie von oben nach unten, bevor es nach rechts und nach oben gebogen wird. Schnippen Sie Ihren Stift am Ende von der Seite.

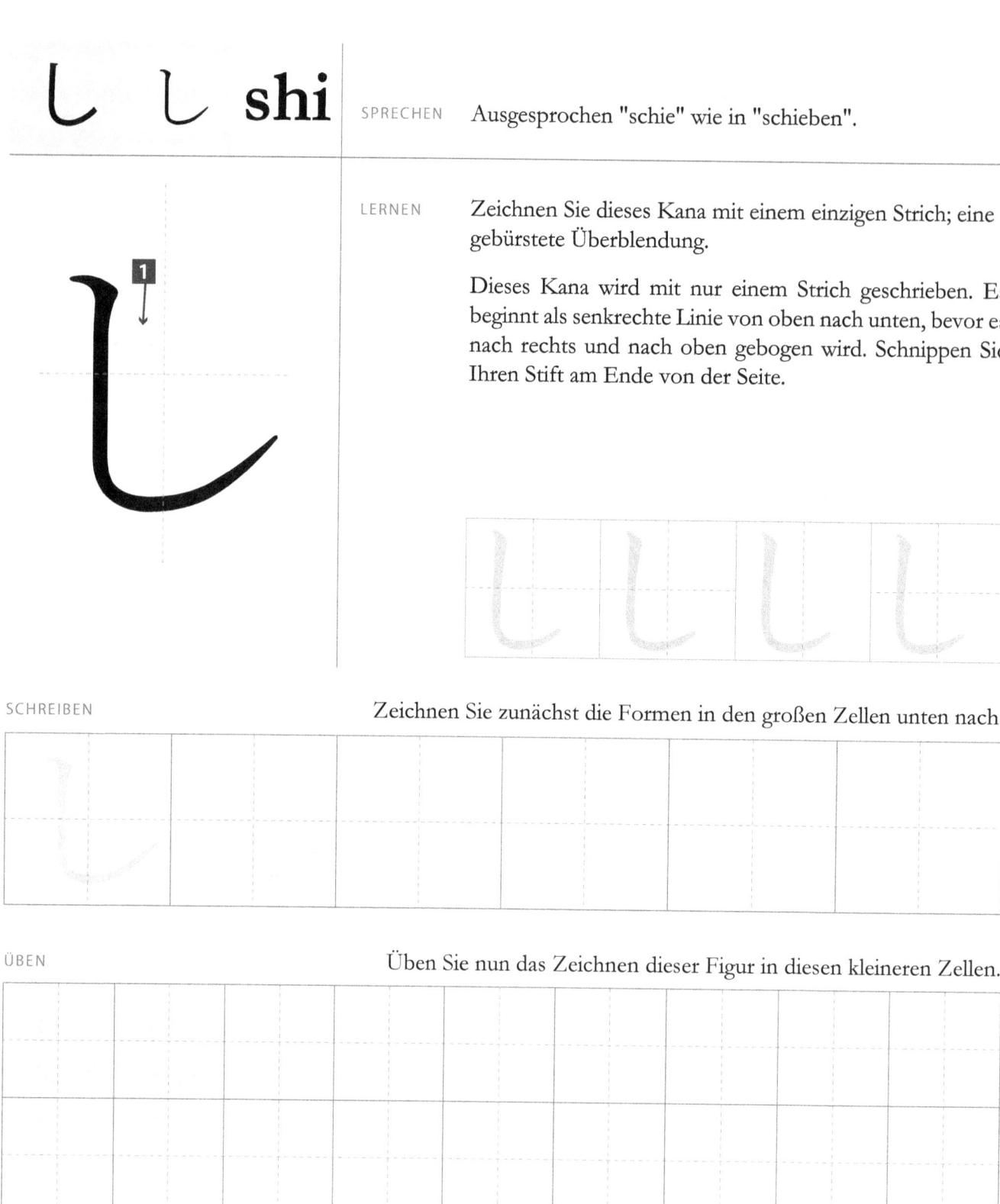

SCHREIBEN Zeichnen Sie zunächst die Formen in den großen Zellen unten nach.

ÜBEN Üben Sie nun das Zeichnen dieser Figur in diesen kleineren Zellen.

す す **su**

Ausgesprochen "su" wie in "super".

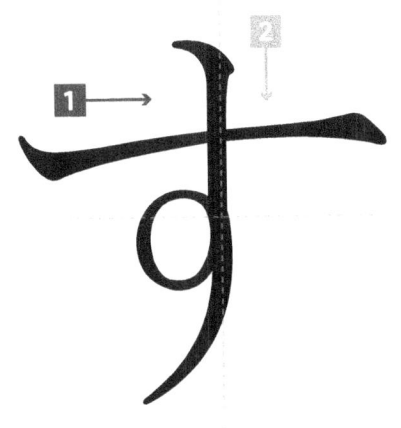

LERNEN Zwei Striche; Einen Stopp und einen Fade in einer Schleife.

Beginnen Sie mit einer langen Linie, die von links nach rechts gezogen wird. Ihre zweite Markierung beginnt oben und wird durch die erste nach unten gezogen. Sie bildet dann direkt nach dem Schnittpunkt eine Schleife. Schließen Sie den Strich ab, indem Sie eine Kurve nach links unten ziehen und den Stift am Ende vom Papier schnippen, um den Strich auszublenden. Versuchen Sie, den ersten Strich leicht außermittig, nach rechts, durchzuschneiden.

SCHREIBEN Zeichnen Sie zunächst die Formen in den großen Zellen unten nach.

ÜBEN Üben Sie nun das Zeichnen dieser Figur in diesen kleineren Zellen.

せ せ **se**

SPRECHEN   Wird ausgesprochen wie das "Sä" in "Säge".

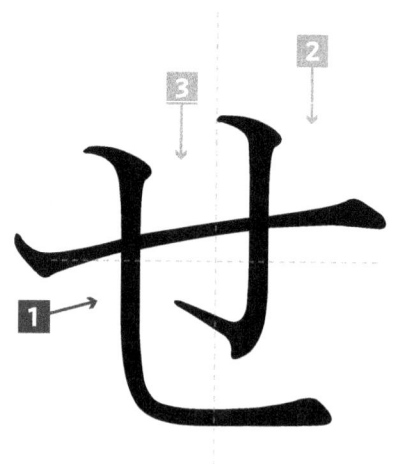

LERNEN   Gezeichnet mit drei Strichen; Stopp, Sprung, Stoppt

Beginnen Sie dieses Zeichen mit einem langen, horizontalen Strich von links nach rechts. Der zweite Strich ist ein kürzerer, senkrechter Strich nach rechts und endet mit einer Hane nach oben und links. Heben Sie den Stift an, aber halten Sie den Schwung in der gleichen Richtung, während Sie den dritten Strich ansetzen. Machen Sie einen senkrechten Strich nach unten und biegen Sie sich um und nach rechts. Schnippen Sie hier nicht mit dem Stift.

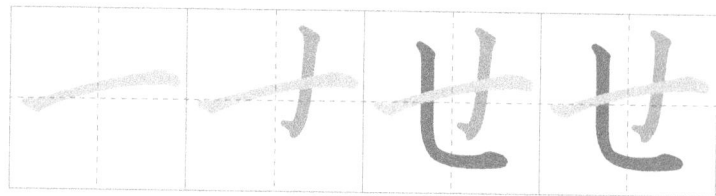

SCHREIBEN   Zeichnen Sie zunächst die Formen in den großen Zellen unten nach.

ÜBEN   Üben Sie nun das Zeichnen dieser Figur in diesen kleineren Zellen.

そ　そ　**SO**

Wird ausgesprochen wie das "So" in "Soja".

Dieses Kana wird mit einem einzigen Zick-Zack-Strich erzeugt; Stopp.

Beginnen Sie mit der "Z"-Form in der oberen Hälfte, bevor Sie die "C"-Form darunter hinzufügen - heben Sie den Stift nicht von der Seite ab. Die "C"-Form sollte ohne eine Aufwärtsbewegung enden. Achten Sie darauf, dass Ihre mittlere horizontale Linie länger ist als die obere. In einigen Schriftarten wird dieses Zeichen als zwei Striche dargestellt, was jedoch selten vorkommt.

SCHREIBEN

Zeichnen Sie zunächst die Formen in den großen Zellen unten nach.

ÜBEN

Üben Sie nun das Zeichnen dieser Figur in diesen kleineren Zellen.

た た ta

Wird wie das "Ta" in "Tag" ausgesprochen, aber kürzer.

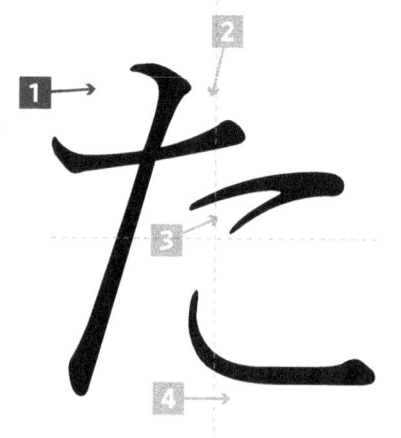

LERNEN

Mit vier Strichen gezeichnet; es sind allesamt Stopps.

Bilden Sie ein klein geschriebenes 't', wobei die vertikale Linie nach unten und links zeigt. Machen Sie dies in der linken Hälfte der Zelle, damit Platz für den nächsten Teil vorhanden ist. Ihr dritter Strich erzeugt eine kleine gebogene Markierung rechts von der T-Form und Strich vier wird darunter gemacht, mit einer entgegengesetzten Kurve zum vorherigen Strich. Die letzten beiden Striche sollten so aussehen, als würden sie sich fast zu einer Kreisform verbinden.

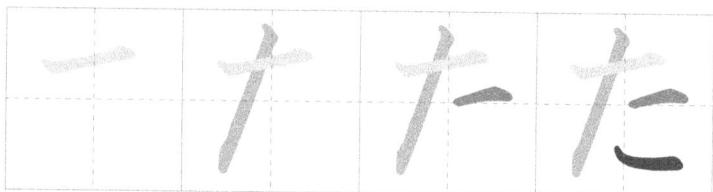

SCHREIBEN

Zeichnen Sie zunächst die Formen in den großen Zellen unten nach.

ÜBEN

Üben Sie nun das Zeichnen dieser Figur in diesen kleineren Zellen.

ち ち chi

Wird genauso ausgesprochen wie das "Chi" in "Tai-Chi".

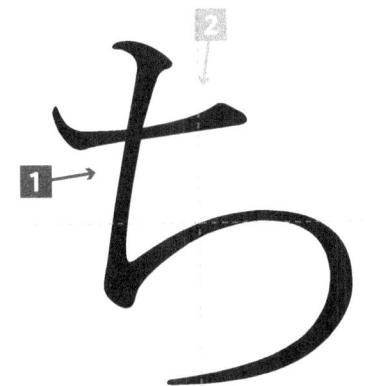

LERNEN Dieses Kana wird mit zwei Strichen gezeichnet; stop, fade.

Wir schreiben dieses Zeichen als Spiegelbild von さ, aber es ist nicht nötig, den Stift anzuheben. Zeichnen Sie Ihren ersten Strich von links nach rechts, in einem leichten Winkel. Ihr zweiter Strich ist eine leicht diagonale Linie nach unten und nach links, die sich mit dem ersten schneidet. Wenn Sie sich dem Boden nähern, biegt er sich wieder nach oben und nach rechts, so dass er eine Kreisform bildet und mit einem Schnipsen von der Seite endet.

SCHREIBEN Zeichnen Sie zunächst die Formen in den großen Zellen unten nach.

ÜBEN Üben Sie nun das Zeichnen dieser Figur in diesen kleineren Zellen.

31

つ つ **tsu**

Wird genauso ausgesprochen wie das "Tsu" in "Tsunami".

LERNEN Wir schreiben dieses Kana mit einem einzigen Strich; fade.

Als eines der einfachsten Zeichen wird dieses Kana mit einem langen, schwungvollen Bogen erzeugt, der am Ende ausblendet. Erzeugen Sie die Überblendung, indem Sie Ihren Stift von der Seite wegschnippen, wenn Sie sich dem Ende des Bogens nähern.

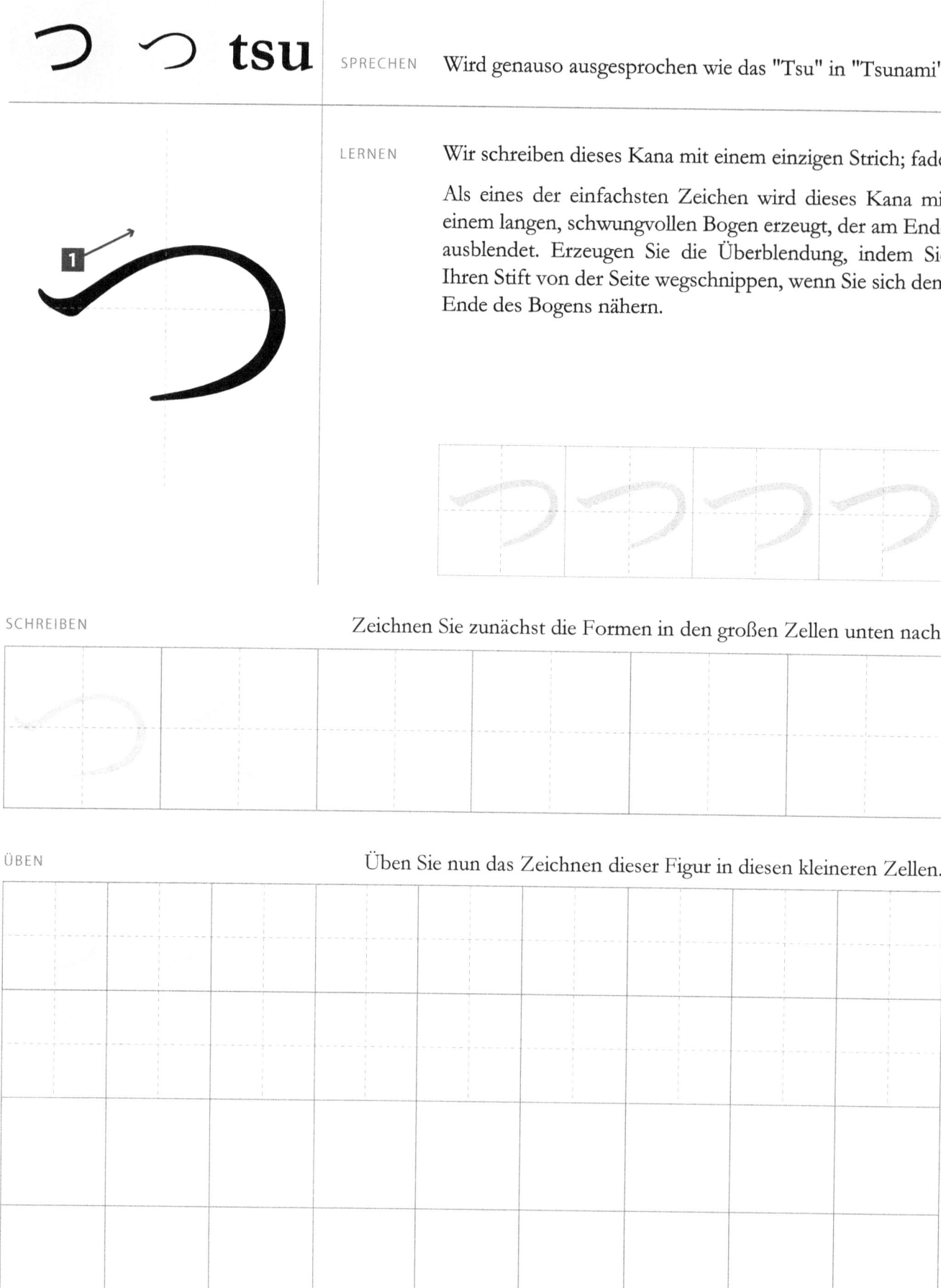

SCHREIBEN Zeichnen Sie zunächst die Formen in den großen Zellen unten nach.

ÜBEN Üben Sie nun das Zeichnen dieser Figur in diesen kleineren Zellen.

て　て　**te**

Wird ausgesprochen wie das "The" in "Thema".

Dieses Kana wird mit einem Strich gezeichnet; ein Stopp.

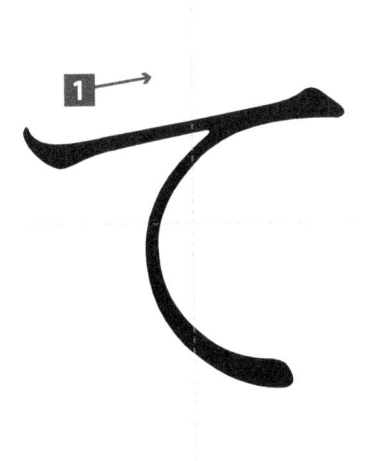

Ziehen Sie den Stift in einem Zug von links nach rechts in einem leichten Winkel nach oben, bevor Sie sich wieder nach links und unten bewegen. Halten Sie den Stift auf dem Papier, während Sie eine große geschwungene Kurve in Form eines "C" erzeugen. Da es sich um eine Stoppmarkierung handelt, sollten Sie den Stift nicht von der Seite wegschnippen.

SCHREIBEN   Zeichnen Sie zunächst die Formen in den großen Zellen unten nach.

ÜBEN   Üben Sie nun das Zeichnen dieser Figur in diesen kleineren Zellen.

と　と　**to**

Wird ausgesprochen wie das "to" in "toll".

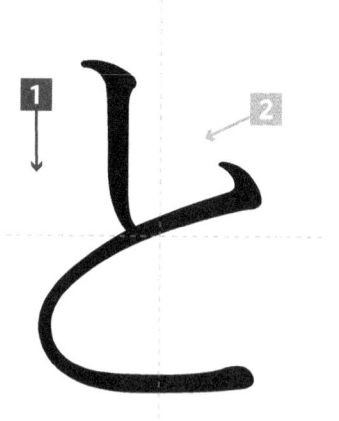

Dieses Kana wird mit zwei Strichen erzeugt; stop, stop.

Die erste Markierung ist eine kleine, leicht schräge Linie, die bis zur Mitte der Zelle gezogen wird. Ihr zweiter Strich ist eine große gebogene Linie, die in der Mitte auf das Ende des ersten Strichs trifft. Er biegt dann nach links außen und in Richtung der unteren rechten Seite der Zelle ab. Der Anfangs- und Endpunkt des zweiten Strichs sollte vertikal ausgerichtet sein. Ihr zweiter Strich sollte den ersten nicht kreuzen, sondern durch das Ende gehen.

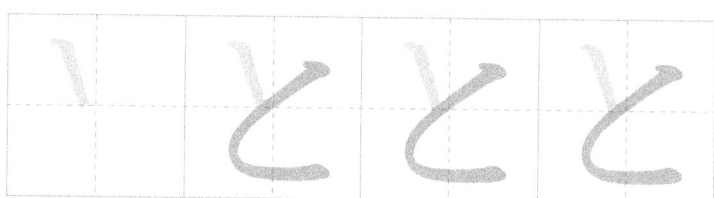

Zeichnen Sie zunächst die Formen in den großen Zellen unten nach.

Üben Sie nun das Zeichnen dieser Figur in diesen kleineren Zellen.

な な **na**

Wird ausgesprochen wie das "Na" in "Nacht".

Vier Striche: Stop, Stop, Sprung Fade und Stop.

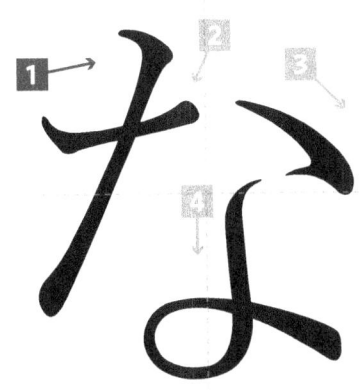

Beginnen Sie mit einem kurzen, abgewinkelten horizontalen Strich auf der linken Seite. Ihre zweite Markierung ist ein längerer diagonaler Strich, der den ersten nach unten und links durchschneidet - machen Sie ihn nicht zu lang. Der dritte Strich wird als geschwungene Linie auf der rechten Seite ausgeführt und endet mit einer Hane. In dem Moment, in dem Sie den Stift anheben, beginnen Sie sofort den vierten Strich nach unten, bevor er eine Schleife über sich selbst macht.

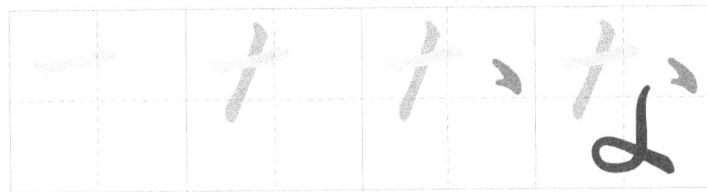

Zeichnen Sie zunächst die Formen in den großen Zellen unten nach.

Üben Sie nun das Zeichnen dieser Figur in diesen kleineren Zellen.

に に ni

Wird ausgesprochen wie das "ni" in "niesen".

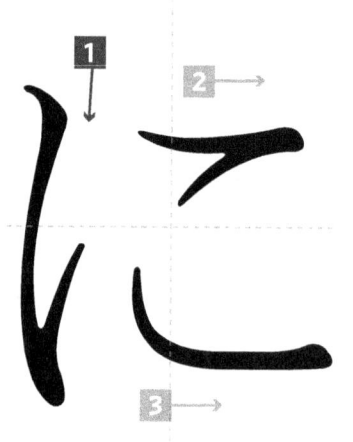

LERNEN

Drei Striche; eine Sprungüberblendung und zwei Stopps.

Beginnen Sie, ähnlich wie bei den vorherigen Zeichen, mit einer vertikalen Linie nach unten auf der linken Seite und enden Sie mit einer Hane nach oben auf der rechten Seite. Ihre zweite Markierung ist fast eine Fortsetzung von der Hane und ist eine kleine gebogene horizontale Linie. Die letzte Markierung wird als Kurve in die entgegengesetzte Richtung ausgeführt, so dass sie fast einen Kreis bildet. Schnippen Sie Ihren Stift hier nicht ab, da es sich um eine Stoppmarkierung handelt.

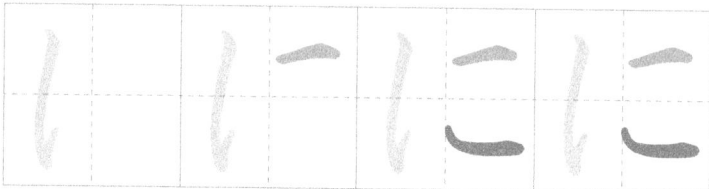

SCHREIBEN

Zeichnen Sie zunächst die Formen in den großen Zellen unten nach.

ÜBEN

Üben Sie nun das Zeichnen dieser Figur in diesen kleineren Zellen.

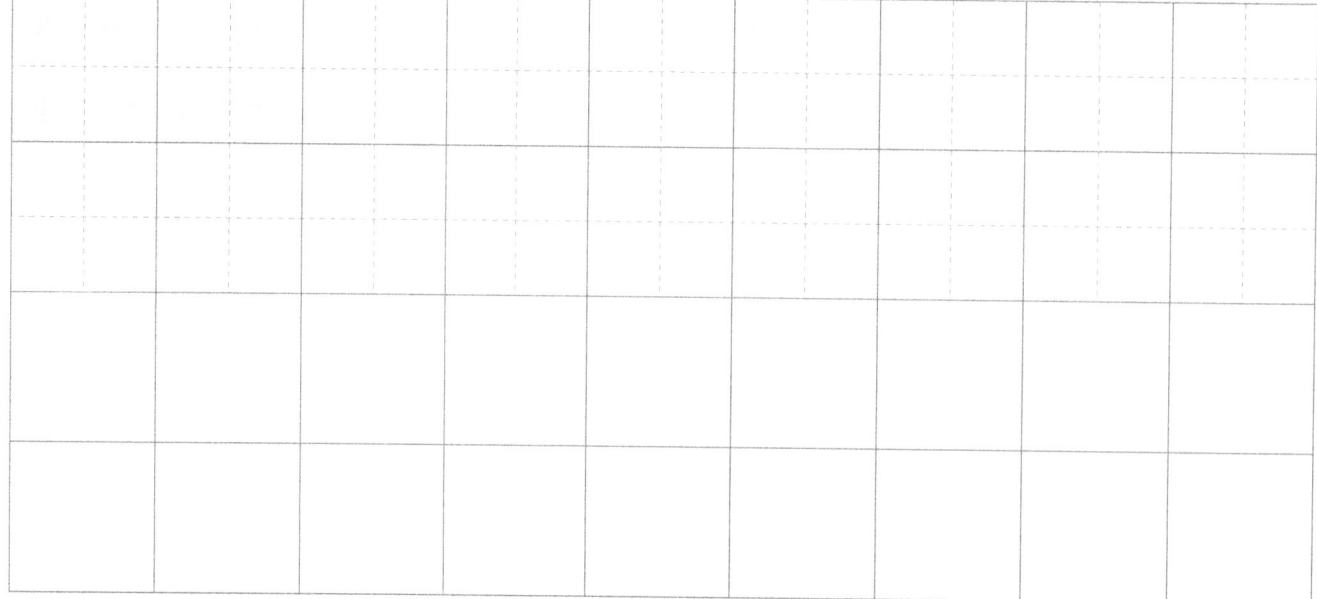

 **nu**

Ausgesprochen wie das "Nu" in "Nudeln", aber kurz.

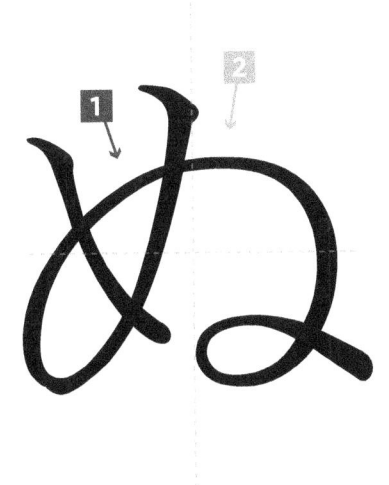

LERNEN Einem Anschlag und einem langen Schleifenanschlag.

Beginnen Sie damit, eine leicht gebogene Linie in einem Winkel zu zeichnen. Ihre zweite Markierung beginnt auf einer ähnlichen Höhe, biegt sich aber zurück zur ersten. Sie macht dann eine Schleife nach oben und zurück nach rechts. Wenn sich Ihr Stift der unteren rechten Seite der Zelle nähert, machen Sie eine Schleife nach rechts. Achten Sie darauf, dass die Abstände zwischen den Linien im Beispiel übereinstimmen, damit Ihr Zeichen gut ausbalanciert ist.

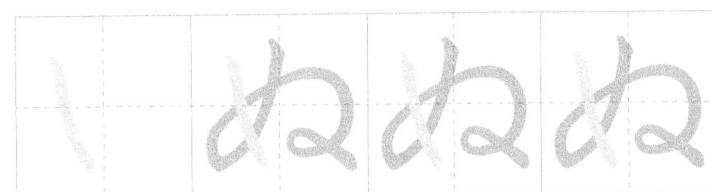

SCHREIBEN Zeichnen Sie zunächst die Formen in den großen Zellen unten nach.

ÜBEN Üben Sie nun das Zeichnen dieser Figur in diesen kleineren Zellen.

ね ね **ne**

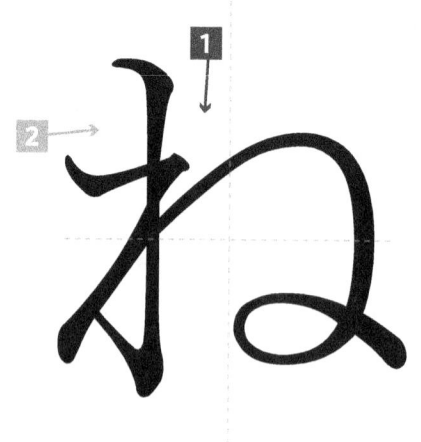

Ausgesprochen wie das "Ne" in "Nest".

LERNEN Gezeichnet mit zwei Striche; Stopp, langer Stopp.

Zeichnen Sie die vertikale Linie von oben nach unten. Beginnen Sie den zweiten Strich mit einer kurzen horizontalen Linie, die über die erste geht, bevor Sie den Stift nach unten zur linken Seite bewegen. Ohne den Stift von der Seite zu nehmen, kehrt der zweite Strich nach oben zurück und fährt fort, einen großen Bogen zu erzeugen. Wenn Sie sich der unteren rechten Seite nähern, machen Sie eine kleine Schleife zurück nach rechts, um das Zeichen zu vollenden.

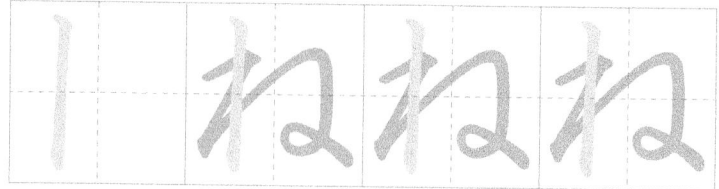

SCHREIBEN Zeichnen Sie zunächst die Formen in den großen Zellen unten nach.

ÜBEN Üben Sie nun das Zeichnen dieser Figur in diesen kleineren Zellen.

の の **no**

Wird wie das "No" in "Nordpol" augesprochen.

Mit einem Strich Geschrieben; eine lange Überblendung

Ausgehend vom oberen mittleren Teil der Zelle ziehen Sie Ihren Stift nach unten und diagonal nach links. Vom unteren Ende dieser Linie aus bewegen Sie Ihren Stift in einer großen kreisförmigen Bewegung nach oben und über den Punkt, von dem aus Sie gestartet sind, nach rechts. Achten Sie beim Durchfahren Ihres Startpunktes darauf, dass Sie Ihren Bogen nicht zu tief zeichnen und die vertikale Linie darüber hinausragen lassen. Bringen Sie den Bogen herum und schnippen Sie Ihren Stift.

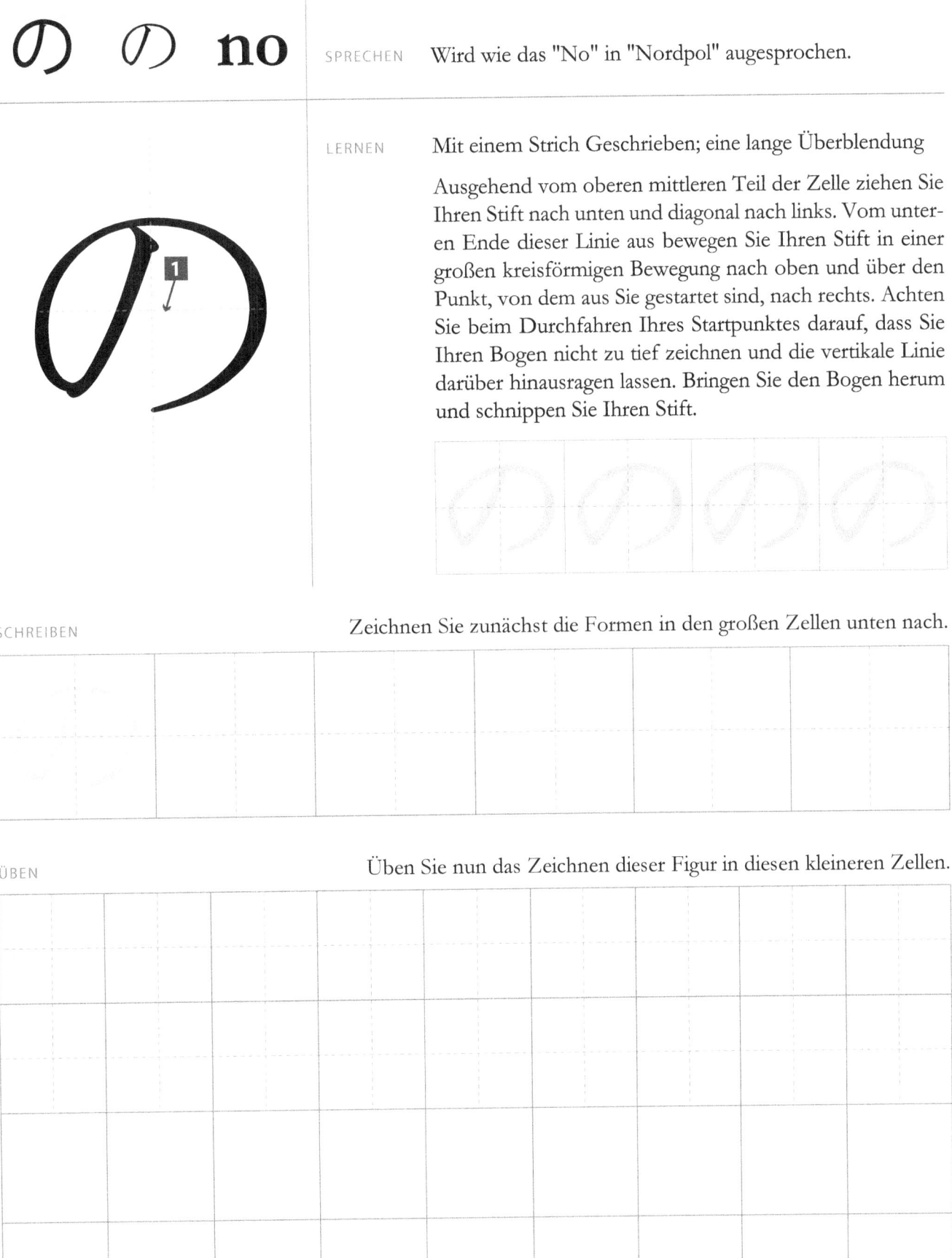

SCHREIBEN Zeichnen Sie zunächst die Formen in den großen Zellen unten nach.

ÜBEN Üben Sie nun das Zeichnen dieser Figur in diesen kleineren Zellen.

は は **ha**

Wird wie das "ha" in "hallo" ausgesprochen.

Zeichnen Sie dieses Kana mit drei Strichen; Sprung, Stopp, Schleifenstopp.

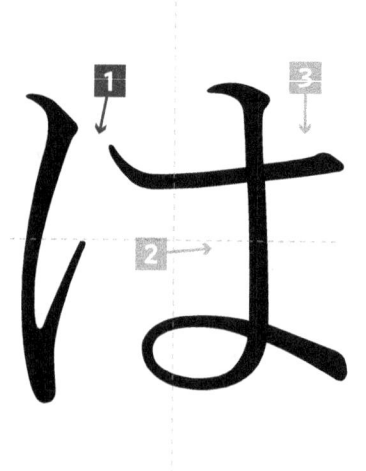

Ihre ersten beiden Striche sind ähnlich wie bei Hiragana け, mit einem geschwungenen vertikalen Strich, der in einem Hane endet. Der zweite Strich ist ein kürzerer horizontaler Strich nach rechts. Ihr dritter Strich geht durch den zweiten hindurch, wird senkrecht nach unten gezogen und endet mit einer kleinen Schleife über sich selbst nach rechts.

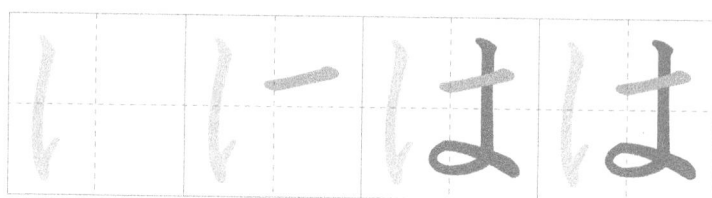

Zeichnen Sie zunächst die Formen in den großen Zellen unten nach.

Üben Sie nun das Zeichnen dieser Figur in diesen kleineren Zellen.

ひ ひ **hi**

Ausgesprochen wie das "Hy" in "Hymne".

LERNEN   Gezeichnet mit einem Strich; ein schwungvoller Anschlag.

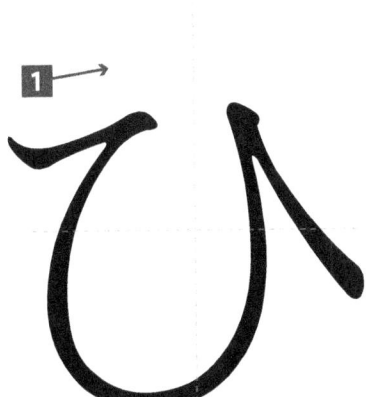

Beginnen Sie mit einer kurzen, leicht abgewinkelten Linie nach oben, bevor Sie wieder ein wenig nach links zurückgehen. Halten Sie den Stift auf der Seite, während Sie eine große geschwungene Kurve in U-Form um die untere Hälfte der Zelle ziehen. Wenn Sie wieder in der Nähe des oberen Bereichs sind, fahren Sie, ohne den Stift zu heben, ein Stück zurück und dann mit einer gekrümmten Linie nach rechts weg bis zum Anschlag. Schnippen Sie Ihren Stift hier nicht vom Papier.

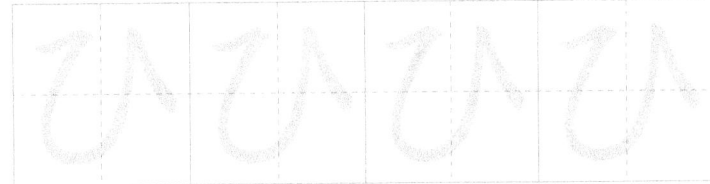

SCHREIBEN   Zeichnen Sie zunächst die Formen in den großen Zellen unten nach.

ÜBEN   Üben Sie nun das Zeichnen dieser Figur in diesen kleineren Zellen.

ふ ふ **fu**

Ausgesprochen wie das "Fu" in "Fuji".

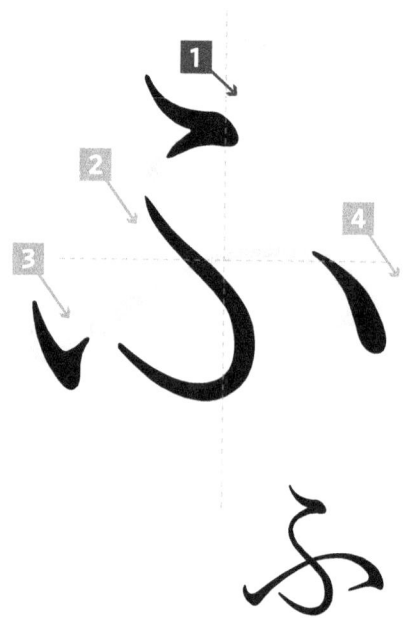

LERNEN Vier Striche; Sprung Fade, Sprung, Stop und Stop.

Beginnen Sie mit einem kurzen Schrägstrich, der oben in der Mitte mit einer Hane endet. Ihr zweiter Strich ist dann eine Art Nasenform, die mit einem Schnipsen in Richtung des Beginns von Strich drei beendet werden sollte. Dies ist wieder ein kurzer schräger Strich, der mit einer Hane endet, nach oben und nach rechts. Für den vierten Strich heben Sie den Stift nach rechts, wo Sie die letzte, kurze geschwungene Linie ziehen.

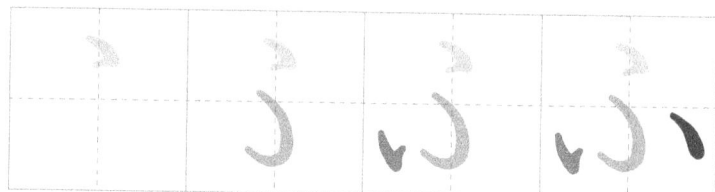

SCHREIBEN Zeichnen Sie zunächst die Formen in den großen Zellen unten nach.

ÜBEN Üben Sie nun das Zeichnen dieser Figur in diesen kleineren Zellen.

∧ ⌒ he

Wird wie das "He" in "Helga" augesprochen.

Dieses Kana wird mit einem Strich gebildet; einem Stopp.

Beginnen Sie in der Mitte auf der linken Seite der Zelle und ziehen Sie Ihren Stift ein kurzes Stück diagonal nach oben und rechts - aber nicht über die Mittellinie hinaus. Ohne den Stift anzuheben, ziehen Sie die längere diagonale Linie weiter nach unten und rechts. Die "Spitze" dieser umgekehrten "V"-Form sollte nicht in der Mitte liegen.

SCHREIBEN

Zeichnen Sie zunächst die Formen in den großen Zellen unten nach.

ÜBEN

Üben Sie nun das Zeichnen dieser Figur in diesen kleineren Zellen.

ほ ほ ho

SPRECHEN Ausgesprochen wie das "Ho" in "Hochzeit".

LERNEN Vier Striche; Sprung-Fade, Stop, Stop, Loop-Stop.

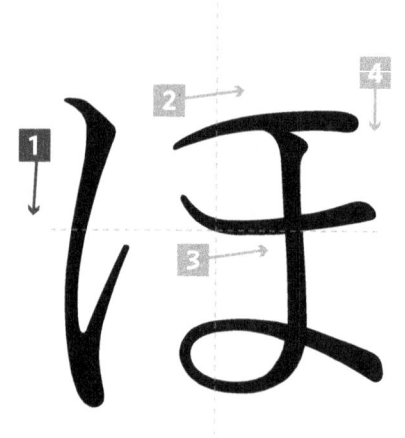

Beginnen Sie wie bei den ersten Strichen von は, に und け mit einer geschwungenen senkrechten Linie, die mit einer Hane endet. Sowohl der zweite als auch der dritte Strich sind kurze parallele Linien oben rechts. Ihre letzte Markierung sollte auf dem zweiten Strich beginnen - achten Sie darauf, dass Sie nicht oberhalb davon beginnen. Bewegen Sie Ihren Stift nach unten, durch den dritten Strich, und enden Sie mit einer Schleife zurück über Ihre Linie nach rechts.

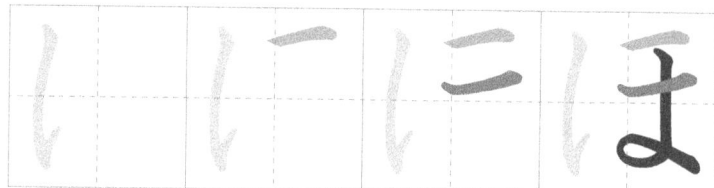

SCHREIBEN   Zeichnen Sie zunächst die Formen in den großen Zellen unten nach.

ÜBEN   Üben Sie nun das Zeichnen dieser Figur in diesen kleineren Zellen.

44

ま ま ma

Wird ausgesprochen wie das "Ma" in "Maria".

LERNEN Drei Striche; Anschlag, Anschlag, Schleifenanschlag.

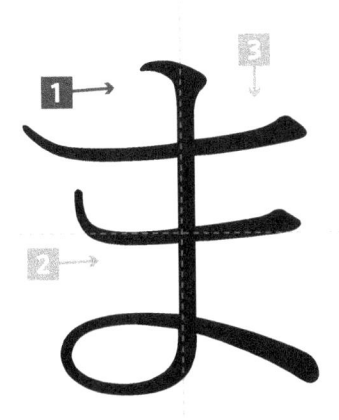

Beginnen Sie das Zeichnen dieses Kana mit parallelen horizontalen Linien, die beide von links nach rechts gezogen werden. Der erste sollte etwas länger sein als der zweite. Ihre dritte Markierung beginnt von oben, schneidet durch die ersten beiden Striche und endet mit einer Schleife am unteren Rand. Der Schlüssel zum genauen Zeichnen dieses Kana liegt darin, die ersten Striche nicht zu lang zu machen, aber dennoch etwas breiter als die Schleife am Ende.

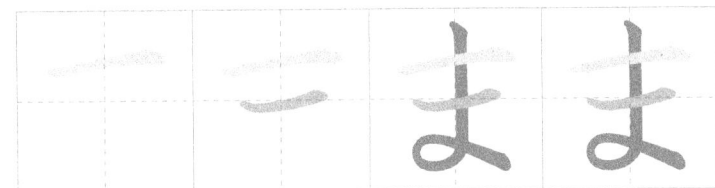

SCHREIBEN Zeichnen Sie zunächst die Formen in den großen Zellen unten nach.

ÜBEN Üben Sie nun das Zeichnen dieser Figur in diesen kleineren Zellen.

み み mi

Wird als "mi" ausgesprochen, wie das "Me" in Medien.

LERNEN Langer Schleifenstopp und eine Überblendung.

Beginnen Sie den ersten Strich mit einer kurzen horizontalen Linie, dann bewegen Sie den Stift nach unten und nach links. Ohne den Stift von der Seite zu nehmen, machen Sie unten eine Schleife und schließen den Strich mit einem Bogen nach rechts ab. Ihr zweiter Strich ist eine Kurve, die sich nach unten und links bewegt und den Bogen des ersten Strichs durchschneidet. Nehmen Sie Ihren Stift von der Seite, um diesen Strich am Ende auszublenden.

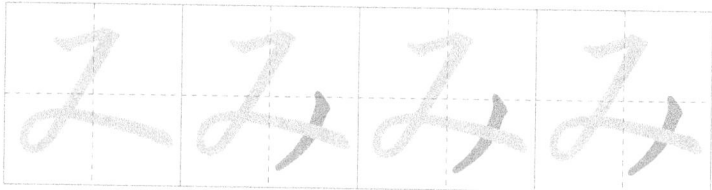

SCHREIBEN   Zeichnen Sie zunächst die Formen in den großen Zellen unten nach.

ÜBEN   Üben Sie nun das Zeichnen dieser Figur in diesen kleineren Zellen.

む む mu

SPRECHEN Wird wie *"Muh"* ausgesprochen, wie eine Kuh klingt.

LERNEN Drei Striche; Stopp, Schleifenüberblendung, Stopp.

Wir beginnen das Zeichnen dieses Kana ähnlich wie bei す mit einem horizontalen Strich auf der linken Seite der Zelle. Die zweite Markierung beginnt oben und wird nach unten, durch den ersten Strich, gezogen und bildet dann eine Schleife unterhalb der Mitte. Halten Sie den Stift nach der Schleife auf dem Papier und ziehen Sie nach unten, quer nach rechts und dann scharf nach oben. Halten Sie an, bevor Sie so hoch wie der erste Strich gehen. Schließen Sie mit einer kurzen, schrägen Linie ab.

SCHREIBEN Zeichnen Sie zunächst die Formen in den großen Zellen unten nach.

ÜBEN Üben Sie nun das Zeichnen dieser Figur in diesen kleineren Zellen.

め め me

Wird als "meh" ausgesprochen, wie das "Me" in "Mensch".

LERNEN Gezeichnet mit zwei Strichen; Stopp, lange Überblendung.

Wir schreiben dies in ähnlicher Weise wie ぬ, nur ohne Schleife am Ende. Zeichnen Sie zunächst den gebogenen diagonalen Strich nach unten und rechts. Der zweite Strich beginnt auf ähnlicher Höhe wie der erste, verläuft aber in die entgegengesetzte Richtung. Setzen Sie diesen Strich in einer großen kreisförmigen Bewegung fort, aber schnippen Sie den Stift am Ende vom Papier. Versuchen Sie, die Abstände zwischen den Strichen anzupassen, um ein genaues Zeichen zu erzeugen.

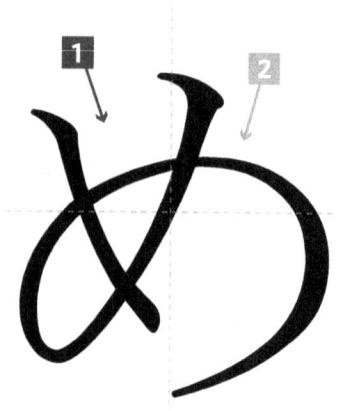

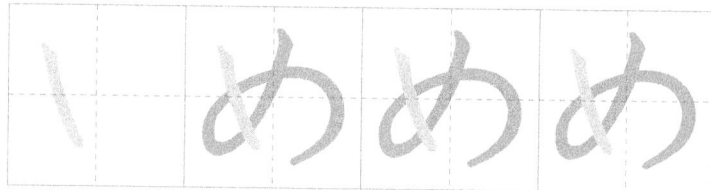

SCHREIBEN Zeichnen Sie zunächst die Formen in den großen Zellen unten nach.

ÜBEN Üben Sie nun das Zeichnen dieser Figur in diesen kleineren Zellen.

も も **mo**

Wird genauso ausgesprochen wie das "Mo" in "Monat".

Dieses Kana hat drei Striche; lange Fade, Stop, Stop.

Genau wie bei Hiragana し beginnen wir mit dem Zeichnen der Form eines Angelhakens und enden mit einem Schnipsen des Stifts, während er sich herumbiegt. Ihr zweiter und dritter Strich sind zwei parallele, horizontale Linien, die den ersten Strich durchschneiden. Dieses Zeichen kann in einigen Schriftarten auch mit dem zweiten und dritten Strich verbunden sein, wie in der kleineren Abbildung links zu sehen ist.

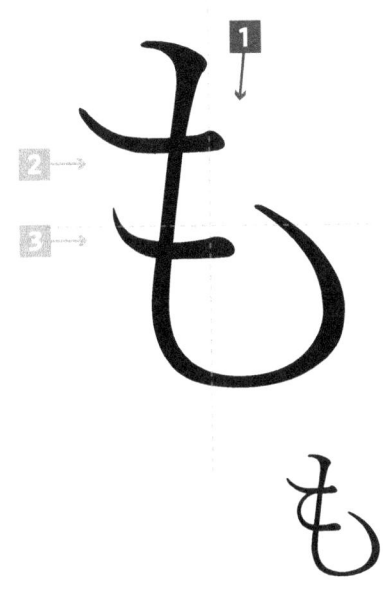

Zeichnen Sie zunächst die Formen in den großen Zellen unten nach.

Üben Sie nun das Zeichnen dieser Figur in diesen kleineren Zellen.

や や **ya**

Ausgesprochen wie das "Ya" in "Yak".

LERNEN　Zeichnen Sie dieses Kana mit drei Strichen; verblassen, springen, stoppen.

Ihr erster Strich beginnt als flache diagonale Linie nach oben und rechts, bevor er sich wieder nach hinten biegt. Der zweite Strich ist eine kurze Linie oben in der Nähe der Mitte. Der dritte und letzte Strich ist eine längere diagonale Linie von links oben nach rechts unten - er sollte sich mit dem ersten Strich etwa auf einem Drittel des Weges von links schneiden. Auch mit den Strichen 2 und 3 verbunden, wie im kleineren Bild links zu sehen.

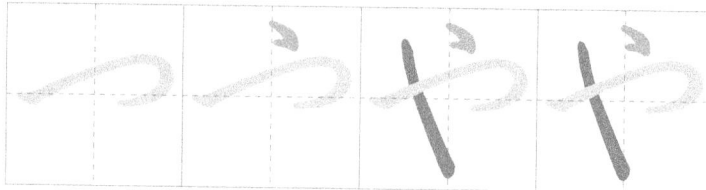

SCHREIBEN　Zeichnen Sie zunächst die Formen in den großen Zellen unten nach.

ÜBEN　Üben Sie nun das Zeichnen dieser Figur in diesen kleineren Zellen.

ゆ ゆ **yu**

Wird ausgesprochen wie das "Yu" in "Yucatán".

Dieses Kana wird mit zwei Strichen gezeichnet; fade, fade.

Beginnen Sie mit einer leicht gekrümmten Linie nach unten, bevor Sie wieder ein wenig nach oben gehen. Ohne den Stift von der Seite zu nehmen, fahren Sie fort, indem Sie eine große Kurve zeichnen, die sich fast wie ein Kreis um sich selbst schließt. Ihr zweiter Strich ist eine vertikale Linie, die sich nach links unten wölbt und die große Kurve des ersten Strichs durchschneidet. des ersten Strichs. Beenden Sie den Strich, indem Sie den Stift vom Papier nehmen, um ihn auszublenden.

Zeichnen Sie zunächst die Formen in den großen Zellen unten nach.

Üben Sie nun das Zeichnen dieser Figur in diesen kleineren Zellen.

 **yo**

Wird genauso ausgesprochen wie das "Yo" in "Yo-yo".

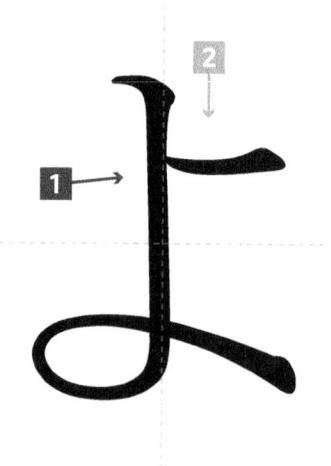

LERNEN Dieses Kana wird mit zwei Strichen gezeichnet; Sprungüberblendung, Stopp.

Die erste Markierung ist eine kurze horizontale Linie, die in der Mitte beginnt und nach rechts außen verläuft. Ihr zweiter Strich beginnt als vertikale Linie in der oberen Mitte der Zelle und wird nach unten gezogen, bevor er mit einer kleinen Schleife über sich selbst endet und unten rechts stoppt. Schnippen Sie hier nicht mit dem Stift, da dies eine Stoppmarke ist.

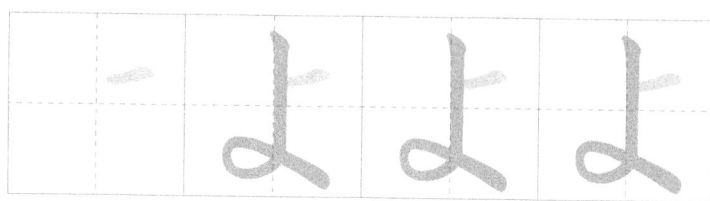

SCHREIBEN   Zeichnen Sie zunächst die Formen in den großen Zellen unten nach.

ÜBEN   Üben Sie nun das Zeichnen dieser Figur in diesen kleineren Zellen.

ら　ら　**ra**

Ausgesprochen wie das "Ra" in "Rahmen".

Gezeichnet mit drei Strichen; stop, stop, ausblenden.

Der erste Strich ist eine relativ kurze Linie, die in einem Winkel nahe dem oberen Rand der Zelle ausgeführt wird. Dann, ähnlich wie beim Zeichnen der Zahl 5, bewegt sich die nächste Markierung vertikal nach unten und dann in einer großen Kurve nach rechts außen. Die Kurve sollte sich ein wenig nach oben bewegen, bevor sie sich dreht, um wieder nach unten zu kommen. nach unten. Beenden Sie mit einem Schnippen des Stifts.

Zeichnen Sie zunächst die Formen in den großen Zellen unten nach.

Üben Sie nun das Zeichnen dieser Figur in diesen kleineren Zellen.

り り **ri**

Ausgesprochen wie das "Ri" in "Ringer".

Mit zwei Strichen gezeichnet; springen, verblassen.

Die korrekte Schreibweise dieses Zeichens besteht aus zwei Strichen, die in der Regel als eine einzige Markierung dargestellt werden. Der erste ist ein Strich, der nach unten geht und mit einer Hane nach oben und nach rechts endet. Wenn die Hane endet, setzen Sie den Stift wieder auf dem Papier ab, um den zweiten Strich zu erzeugen. Zeichnen Sie eine lange geschwungene Linie nach unten und nach links, wobei Sie den Stift am Ende vom Blatt wegschnippen, um ihn auszublenden.

Zeichnen Sie zunächst die Formen in den großen Zellen unten nach.

Üben Sie nun das Zeichnen dieser Figur in diesen kleineren Zellen.

54

る　る **ru**

Ausgesprochen wie das "Ru" in "Ruhe".

Ein langer gebogener Zick-Zack-Anschlag

Dieses Einstrich-Zeichen beginnt mit einer kleinen horizontalen Linie von links nach rechts, bevor es sich dreht und mit einer längeren Markierung nach links unten fährt. Ohne den Stift anzuheben, fahren Sie ein Stück zurück nach oben und erzeugen dann eine große kreisförmige Schleife, mit einer weiteren, viel kleineren Schleife am Ende. Die kleinste Schleife sollte nicht über oder hinter Ihrer Linie verlaufen, sondern oben auf ihr enden.

Zeichnen Sie zunächst die Formen in den großen Zellen unten nach.

Üben Sie nun das Zeichnen dieser Figur in diesen kleineren Zellen.

れ れ re

Wird ausgesprochen wie das "re" in "reden".

LERNEN

Mit zwei Strichen gezeichnet; ein Stopp, dann eine Zick-Zack-Überblendung

Beginnend mit einer vertikalen Linie von oben nach unten, wird dieses Kana mit nur zwei Strichen ausgeführt. Der zweite Strich beginnt mit einer relativ kurzen horizontalen Linie quer zur ersten, bevor er diagonal nach unten und links verläuft und die vertikale Linie noch einmal kreuzt. Ohne den Stift zu heben, fahren Sie wieder nach oben zurück und zeichnen Sie eine hohe Wellenform nach rechts.

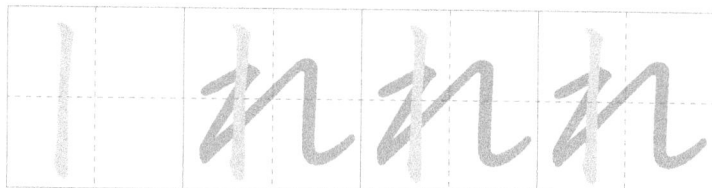

SCHREIBEN · Zeichnen Sie zunächst die Formen in den großen Zellen unten nach.

ÜBEN · Üben Sie nun das Zeichnen dieser Figur in diesen kleineren Zellen.

ろ ろ **ro**

Wird ausgesprochen wie das "ro" in "rodeln".

Mit einem Strich gezeichnet; Zick-Zack-Überblendung.

Wir schreiben das ろ in ähnlicher Weise wie das る, nur ohne Schleife am Ende. Beginnen Sie mit einem recht kurzen waagerechten Kurzstrich von links nach rechts, und folgen Sie mit einem diagonalen Strich nach unten und zurück nach links. Ziehen Sie ein wenig nach oben zurück und beenden Sie den Strich dann mit der großen Kurve nach rechts außen und wieder nach innen - alles in einer gleichmäßigen Aktion, die mit einem Schnipsen von der Seite endet.

SCHREIBEN　　Zeichnen Sie zunächst die Formen in den großen Zellen unten nach.

ÜBEN　　Üben·Sie nun das Zeichnen dieser Figur in diesen kleineren Zellen.

わ わ **wa**

Wie das "Wa" in "Wagon", mit dem "w" von "Wut".

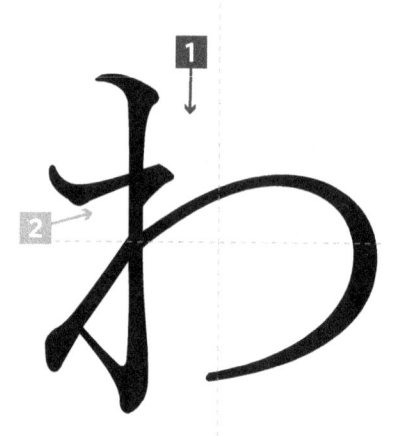

Dieses Kana wird mit zwei Strichen gezeichnet; Stopp, Zick-Zack-Überblendung.

Beginnen Sie mit der vertikalen Markierung von oben nach unten, links von der Mitte und enden Sie mit einer Hane nach oben und links. Ihr zweiter Strich geht über den ersten Strich und bewegt sich dann diagonal nach links unten und durchschneidet wieder den ersten. Schließen Sie diesen Strich ab, indem Sie die große Kurve nach rechts außen und wieder zurück ziehen und sie am Ende mit einem Strich ausblenden.

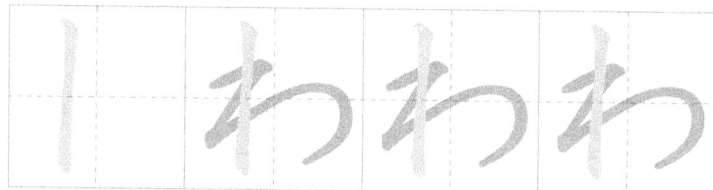

Zeichnen Sie zunächst die Formen in den großen Zellen unten nach.

Üben Sie nun das Zeichnen dieser Figur in diesen kleineren Zellen.

を を wo*

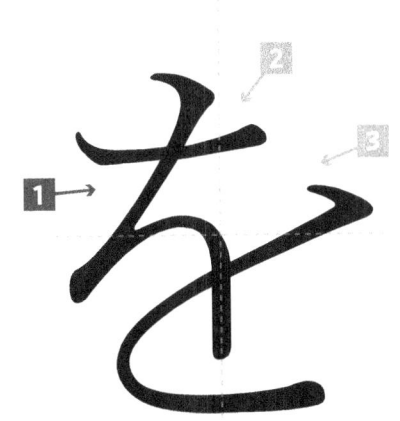

*Ungewöhnliches Kana
(wird als Partikel verwendet)*

Wie das "Wo" in "Woche", mit einem stummen "w".

LERNEN Drei Striche; von denen jeder ein Anschlag ist.

Ihr erster Strich ist eine horizontale Linie von links nach rechts. Die zweite Markierung beginnt als diagonale Linie, die den ersten Strich kreuzt, bevor sie sich nach oben und wieder nach unten dreht. Er sollte an einem tieferen Punkt enden als der, an dem sich Ihr Stift zuvor gedreht hat. Ihr dritter Strich ist eine Kurve, die von der rechten Seite, oberhalb der Mittellinie beginnt und das Ende des zweiten Strichs durchschneidet. Sie kehrt zur unteren rechten Seite der Zelle zurück und endet mit einem Anschlag.

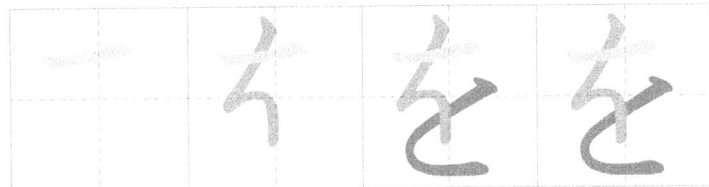

SCHREIBEN Zeichnen Sie zunächst die Formen in den großen Zellen unten nach.

ÜBEN Üben Sie nun das Zeichnen dieser Figur in diesen kleineren Zellen.

ん　ん　n

Ausgesprochen wie der "n"-Laut in Wappen.

LERNEN

Mit einem Strich gezeichnet; lange Überblendung.

Dieses Zeichen wird mit einem einzigen Strich erstellt. Es beginnt mit einer diagonalen Linie vom oberen mittleren Bereich nach unten links. Ohne den Stift anzuheben, fahren Sie ein wenig nach oben zurück, bevor Sie eine Wellenform erzeugen - beenden Sie diesen Strich und das Zeichen, indem Sie den Stift von der Seite wegschnippen, um den Strich um den Bereich der Mittellinie auszublenden.

SCHREIBEN

Zeichnen Sie zunächst die Formen in den großen Zellen unten nach.

ÜBEN

Üben Sie nun das Zeichnen dieser Figur in diesen kleineren Zellen.

Teil 4

KATAKANA-TABELLEN & GRUNDREGELN

Diese Tabelle zeigt die 46 Grund-Katakana mit einer Schreibweise in Romaji für einen ähnlichen phonetischen Klang. Die Vokallaute stehen oben und ihre Gegenstücke mit Konsonantenlauten sind darunter dargestellt. **Beachten Sie die Ausnahme 'n' - außerdem ist *wo ein ungewöhnliches Kana.*

Vokale

	a	i	u	e	o
	ア a	イ i	ウ u	エ e	オ o
k	カ ka	キ ki	ク ku	ケ ke	コ ko
s	サ sa	シ shi	ス su	セ se	ソ so
t	タ ta	チ chi	ツ tsu	テ te	ト to
n	ナ na	ニ ni	ヌ nu	ネ ne	ノ no
h	ハ ha	ヒ hi	フ fu	ヘ he	ホ ho
m	マ ma	ミ mi	ム mu	メ me	モ mo
y	ヤ ya		ユ yu		ヨ yo
r	ラ ra	リ ri	ル ru	レ re	ロ ro
w	ワ wa		ン **n		ヲ *wo

Konsonanten

DIAKRITIKA

Genau wie bei Hiragana gibt es in Katakana 25 diakritische Zeichen. Sie werden auf die gleiche Weise verwendet, um anzuzeigen, wenn ähnlich klingende Silben unterschiedlich ausgesprochen werden müssen. Noch praktischer ist, dass die Zeichen zur Anzeige dieser Klangveränderung identisch sind:

Grundlegend   *mit Dakuten*   *mit Handakuten*

Die Regeln für diakritische Zeichen in Katakana funktionieren auf die gleiche Weise. Dakuten und Handakuten zeigen uns, dass der konsonantische Teil des Klangs beim Sprechen verändert werden muss:

- k-Laute werden mit einem g-Laut ausgesprochen.
- s-Laute werden zu einem z-Laut (außer し).
- t-Laute werden zu d-Lauten.
- h-Laute werden mit Dakuten zu b-Lauten.
  ...oder P-Laute mit dem Handakuten.

		a	i	u	e	o
k ▶ g		ガ ga	ギ gi	グ gu	ゲ ge	ゴ go
s ▶ z		ザ za	ジ ji	ズ zu	ゼ ze	ゾ zo
t ▶ d		ダ da	ヂ dzi (ji)	ヅ dzu	デ de	ド do
h ▶ b		バ ba	ビ bi	ブ bu	ベ be	ボ bo
h ▶ p		パ pa	ピ pi	プ pu	ペ pe	ポ po

DIGRAPHEN

Hier sind auch die Digraphen für Katakana - wieder einmal verwenden wir zwei Grundzeichen, um zu zeigen, wo zwei Silbenlaute zu einem weiteren kombiniert werden. *Einfach, oder?*

キ + ヤ = キャ
(ki)   (ya)   (kya)

Die verwendeten Zeichen haben die gleichen Klänge wie die beiden entsprechenden Hiragana. Die Wichtigkeit, das zweite Symbol kleiner als das erste zu schreiben, gilt weiterhin.

Die Aussprache dieser sogenannten zusammengesetzten Katakana-Laute ist ebenso einfach - zum Beispiel wird キ (ki) + ヤ (ya) zu キャ (kya) und wir sprechen es als "kiya" ohne den "i"-Laut aus.

Die Katakana-Digraphen verwenden nur Buchstaben aus der Spalte イ /i (außer sich selbst) und durch Buchstaben aus der Zeile Y modifiziert werden!

キャ	キュ	キョ	ギャ	ギュ	ギョ
kya	kyu	kyo	gya	gyu	gyo
シャ	シュ	ショ	ジャ	ジュ	ジョ
sha	shu	sho	ja	ju	jo
チャ	チュ	チョ	ニャ	ニュ	ニョ
cha	chu	cho	nya	nyu	nyo
ニャ	ヒュ	ヒョ	ビャ	ビュ	ビョ
hya	hyu	hyo	bya	byu	byo
ピャ	ピュ	ピョ	リャ	リュ	リョ
pya	pyu	pyo	rya	ryu	ryo
ミャ	ミュ	ミョ			
mya	myu	myo			

DOPPELKONSONANTEN

Japanische Wörter mit Katakana können auch einen doppelten Konsonantenlaut enthalten. Diese Wörter haben auch das kleine ツ / tsu (genannt sokuon), um anzuzeigen, dass es anders ausgesprochen werden soll. Schauen wir uns ein weiteres Beispiel für Katakana an:

ペット
(pe t ← to)
petto

Ohne das kleine ツ (tsu), hat das Wort ペト (peto) keine Bedeutung aber ペット (petto), mit dem sokuon, bedeutet Haustier - wie ein Hamster oder eine Katze!

Beachten Sie, dass das kleine ツ vor dem Zeichen steht, von dem es den zusätzlichen Konsonantenlaut übernimmt. Wenn Sie Wörter mit diesem Modifikator sehen, wird der konsonantische Teil des Zeichens, das ihm folgt (in diesem Beispiel das "t" von "to"), an das Ende des Lautes davor angefügt.

Beide Konsonanten müssen beim Sprechen des Wortes getrennt zu hören sein, so wie wenn man 'pet-to', aber ohne eine Lücke zu hinterlassen, die man hören kann.

LANGE VOKALLAUTE

Genauso wie es doppelte Konsonantenlaute gibt, müssen wir uns auch der verlängerten Vokallaute bewusst sein (z.B. aa, ii, oo, ee, und uu). Wenn gesprochen, wird die Dauer des Lautes verlängert (in der Regel wieder verdoppelt), aber wenn wir in Katakana schreiben, verwenden wir einen Strich ー (genannt 伸ばし棒, was wörtlich "Streckstab" bedeutet).

Dies ist eine Möglichkeit, wie sich Katakana von Hiragana unterscheidet, abgesehen von den Formen, da dieses ein zusätzliches Vokalsymbol verwendet, um einen langen Vokallaut zu kennzeichnen. Schauen wir uns einige Beispiele an:

フ + リ = フリー   ケ + キ = ケーキ
(fu) (ri)—   fu-rii kostenlos   (ke)— (ki)   kee-ki Kuchen
             ● ●—   (free)   ●— ●   (cake)

Es ist erwähnenswert, dass der "Dehnungsbalken" zu einer vertikalen Linie gedreht wird, wenn Text vertikal geschrieben wird.

Teil 5

LERNEN, WIE MAN KATAKANA SCHREIBT

ア　ア　**a**

　Wird ausgesprochen wie das "A" in "Apfel".

Dieses Kana wird mit zwei Ausblendungsstrichen gezeichnet.

Der erste Strich beginnt als horizontale Linie von links, bevor er eine scharfe Kurve nach innen und unten zur Mitte macht. Beginnen Sie den zweiten Strich am Ende des ersten Strichs, indem Sie den Stift nach unten und nach links biegen. Der zweite Strich wird ausgeblendet, wenn er sich dem unteren linken Rand der Zelle nähert.

SCHREIBEN

Zeichnen Sie zunächst die Formen in den großen Zellen unten nach.

ÜBEN

Üben Sie nun das Zeichnen dieser Figur in diesen kleineren Zellen.

イ イ イ i

Wird wie das "I" in "Igel" ausgesprochen.

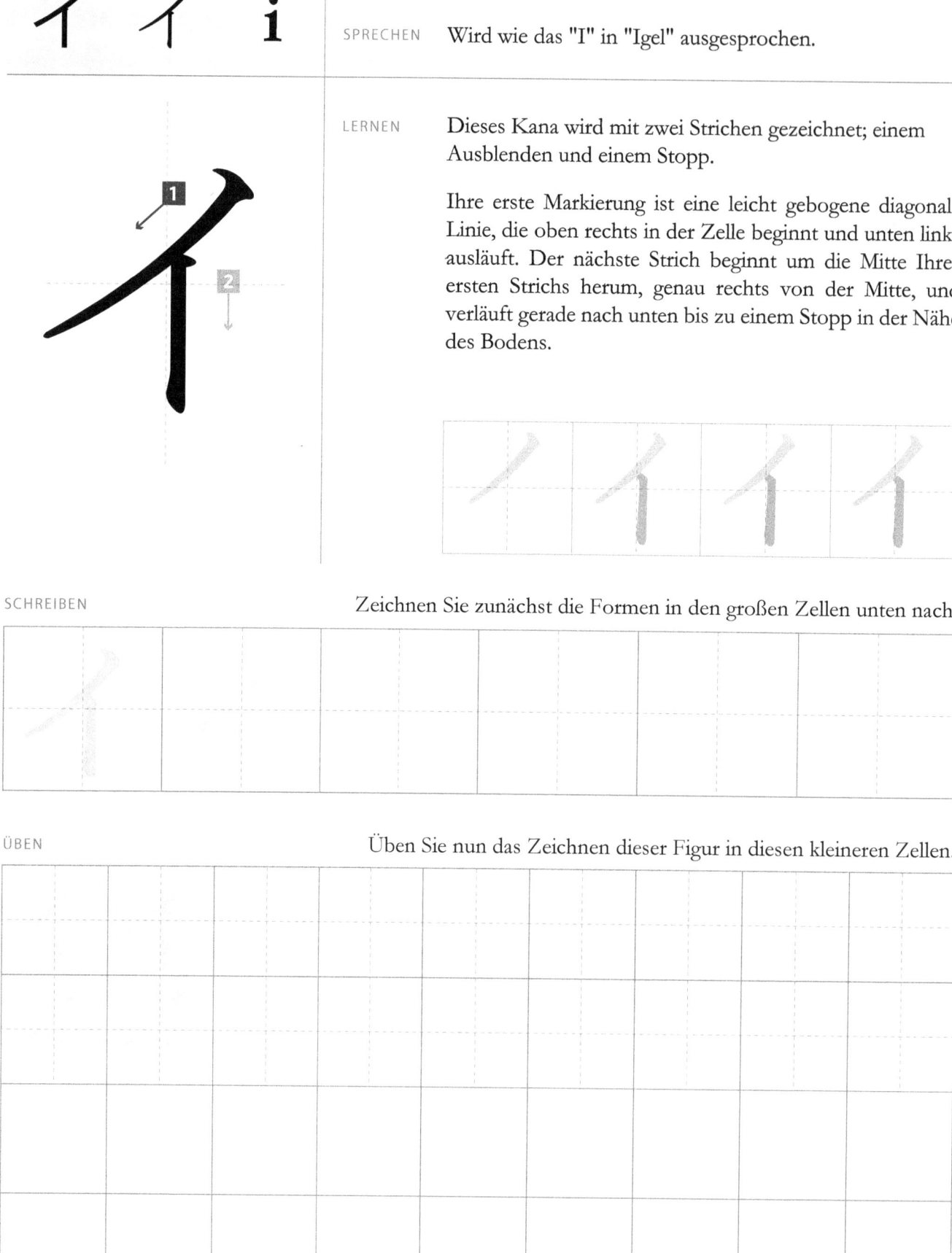

LERNEN Dieses Kana wird mit zwei Strichen gezeichnet; einem Ausblenden und einem Stopp.

Ihre erste Markierung ist eine leicht gebogene diagonale Linie, die oben rechts in der Zelle beginnt und unten links ausläuft. Der nächste Strich beginnt um die Mitte Ihres ersten Strichs herum, genau rechts von der Mitte, und verläuft gerade nach unten bis zu einem Stopp in der Nähe des Bodens.

SCHREIBEN   Zeichnen Sie zunächst die Formen in den großen Zellen unten nach.

ÜBEN   Üben Sie nun das Zeichnen dieser Figur in diesen kleineren Zellen.

ウ ウ u

Wird ausgesprochen wie das "u" in "zu".

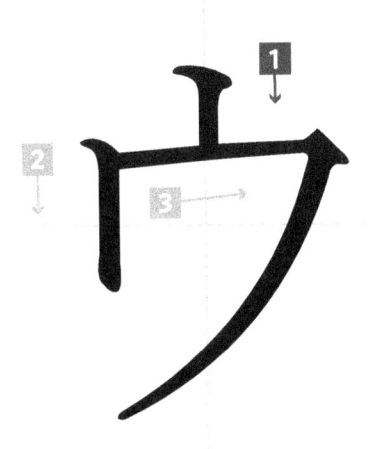

LERNEN

Mit drei Strichen gezeichnet: stop, stop, fade.

Machen Sie die erste vertikale Markierung mit einem kurzen Stoppstrich im oberen mittleren Bereich. Die zweite kurze Stoppmarkierung ist ein weiterer vertikaler Strich links von der ersten und etwas tiefer. Ihre letzte Markierung beginnt dort, wo die zweite begann. Bewegen Sie Ihren Stift horizontal von links nach rechts, berühren Sie das Ende des ersten Strichs und machen Sie dann rechts von der Zelle eine scharfe Kurve nach unten und links.

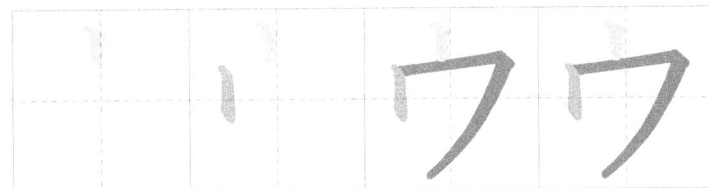

SCHREIBEN

Zeichnen Sie zunächst die Formen in den großen Zellen unten nach.

ÜBEN

Üben Sie nun das Zeichnen dieser Figur in diesen kleineren Zellen.

エ エ e

Wird als "eh" ausgesprochen, wie das "E" in "Engel".

LERNEN   Dieses Kana wird mit drei Strichen gezeichnet; alle Stopps.

Beginnen Sie mit der horizontalen Linie quer durch die Mitte im oberen Teil der Zelle. Ihr zweiter Strich beginnt dann in der Mitte des ersten, der über die Mittellinie gezogen wird. Der letzte Strich ist eine weitere horizontale Linie, von links nach rechts, die über das Ende der zweiten Markierung in der Mitte verläuft. Um sicherzustellen, dass Ihre Schrift eine gute Balance hat, sollte der letzte Strich breiter sein als der erste.

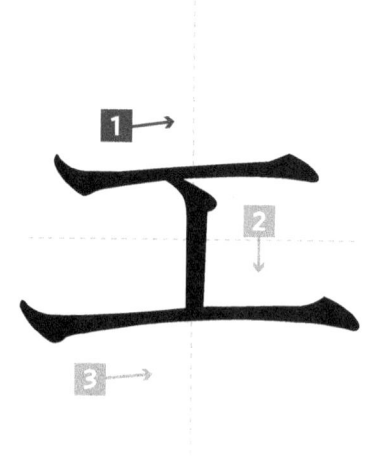

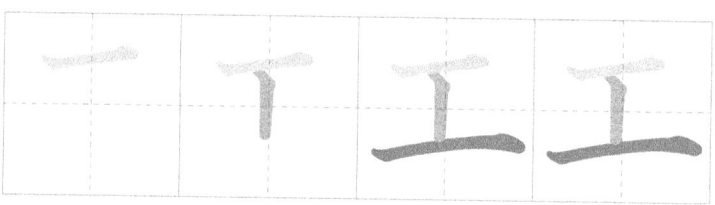

SCHREIBEN   Zeichnen Sie zunächst die Formen in den großen Zellen unten nach.

ÜBEN   Üben Sie nun das Zeichnen dieser Figur in diesen kleineren Zellen.

オ オ o

Wird ausgesprochen wie das "o" in "oben".

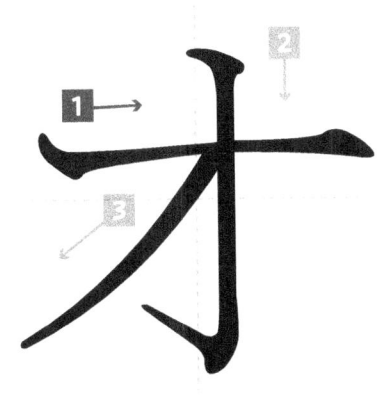

LERNEN   Stopp, Sprungüberblendung und Überblendung.

Beginnen Sie damit, eine lange horizontale Linie von links nach rechts zu ziehen. Ihr zweiter Strich ist eine vertikale Linie, die sich mit dem ersten etwa ein Drittel des Weges von der rechten Seite schneidet. Beenden Sie den zweiten Strich, indem Sie den Stift von der Seite wegschnippen (dies wird als "Hane" bezeichnet). Ihr letzter Strich beginnt am Schnittpunkt der Striche 1 und 2 und verläuft nach unten und links mit einer Überblendung - er sollte nicht tiefer als der zweite Strich reichen.

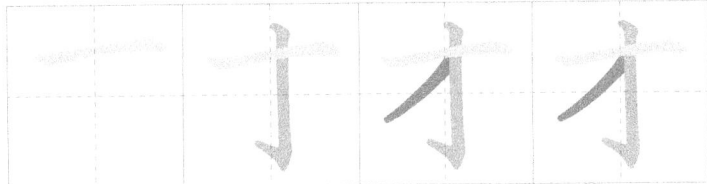

SCHREIBEN   Zeichnen Sie zunächst die Formen in den großen Zellen unten nach.

ÜBEN   Üben Sie nun das Zeichnen dieser Figur in diesen kleineren Zellen.

カ　カ　**ka**

Wird wie "Ka" ausgesprochen, wie in "Kaffee".

LERNEN　Dieses Kana wird mit zwei Strichen gezeichnet; Überblendung, Stopp.

Dies ist eine eckige Version von Hiragana か und beginnt mit einer leicht geneigten horizontalen Linie, die scharf nach unten abbiegt. Der abwärts gerichtete Teil sollte eine leichte Kurve nach hinten und schräg nach links haben. Beenden Sie diesen Strich mit einem Hane, indem Sie Ihren Stift vom Papier wegschnippen. Ihr zweiter Strich ist eine diagonale Linie nach unten, mit einer Kurve nach links und oben.

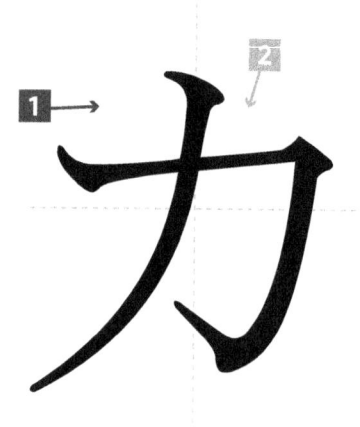

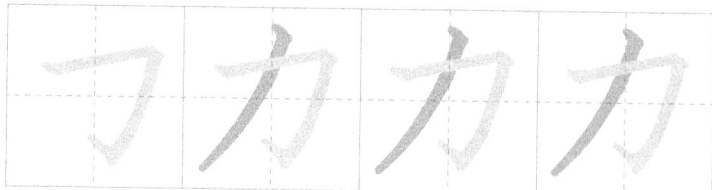

SCHREIBEN　Zeichnen Sie zunächst die Formen in den großen Zellen unten nach.

ÜBEN　Üben Sie nun das Zeichnen dieser Figur in diesen kleineren Zellen.

キ キ **ki**

Wird ausgesprochen wie das "Ki" in "Kiste".

LERNEN Mit drei Strichen gezeichnet; Anschlag, Anschlag und Anschlag.

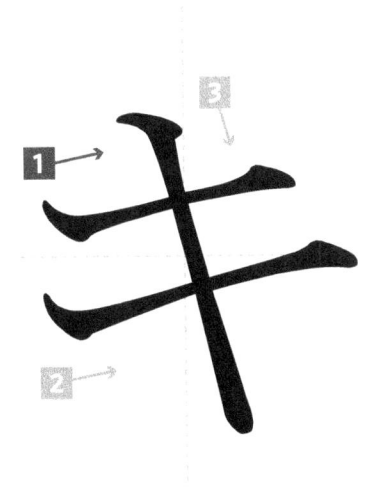

Sie werden feststellen, dass dieses Katakana auch dem Hiragana-Gegenstück sehr ähnlich ist - Striche 1 und 2 sind parallele diagonale Linien von links nach rechts, in aufsteigender Richtung, der zweite etwas länger als der erste. Ihr letzter Strich ist einfach ein weiterer gerader diagonaler Strich, von oben links nach unten rechts. Sie sollte ungefähr durch die Mitte Ihrer ersten beiden Striche gehen.

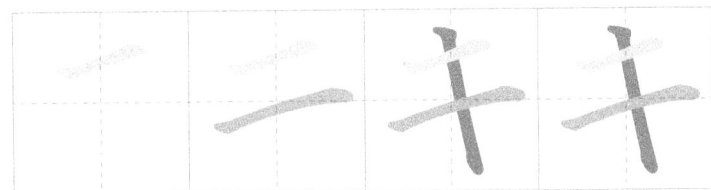

SCHREIBEN Zeichnen Sie zunächst die Formen in den großen Zellen unten nach.

ÜBEN Üben Sie nun das Zeichnen dieser Figur in diesen kleineren Zellen.

ク ク **ku**

Ausgesprochen wie "Kuh".

Mit zwei Strichen gezeichnet; beide verblassen.

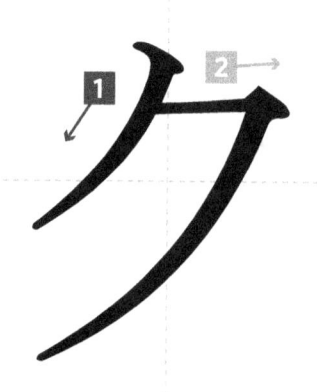

Beginnen Sie mit dem ersten gebogenen diagonalen Strich von der oberen Mitte nach unten und nach links. Beginnen Sie den zweiten Strich etwa an der gleichen Stelle wie den ersten. Er beginnt mit einer viel kürzeren horizontalen Markierung als das vorherige Kana, bevor er eine scharfe Kurve macht und in eine weitere, viel längere diagonale Kurve nach unten und nach links. Üben Sie, die beiden diagonalen Teile parallel zueinander verlaufen zu lassen, um besonders sauber zu schreiben!

Zeichnen Sie zunächst die Formen in den großen Zellen unten nach.

Üben Sie nun das Zeichnen dieser Figur in diesen kleineren Zellen.

ケ ケ **ke**

SPRECHEN Ausgesprochen wie das "ke" in "kennen".

LERNEN Drei Striche: Überblendung, Stopp, Überblendung.

Beginnen Sie ähnlich wie beim vorherigen Katakana ク, zeichnen Sie die erste diagonale Linie und enden Sie mit einer Überblendung, indem Sie den Druck verringern und den Stift leicht anheben. Die zweite Markierung beginnt diesmal in der Mitte Ihres ersten Strichs und ist nur ein längerer horizontaler Strich, der aufhört. Beginnen Sie den dritten Strich in der Mitte der zweiten Linie und bewegen Sie Ihren Stift in einer Kurve nach unten und nach links mit einer Überblendung - parallel zum ersten.

SCHREIBEN Zeichnen Sie zunächst die Formen in den großen Zellen unten nach.

ÜBEN Üben Sie nun das Zeichnen dieser Figur in diesen kleineren Zellen.

コ コ **ko**

Ausgesprochen "ko" wie in "Disko".

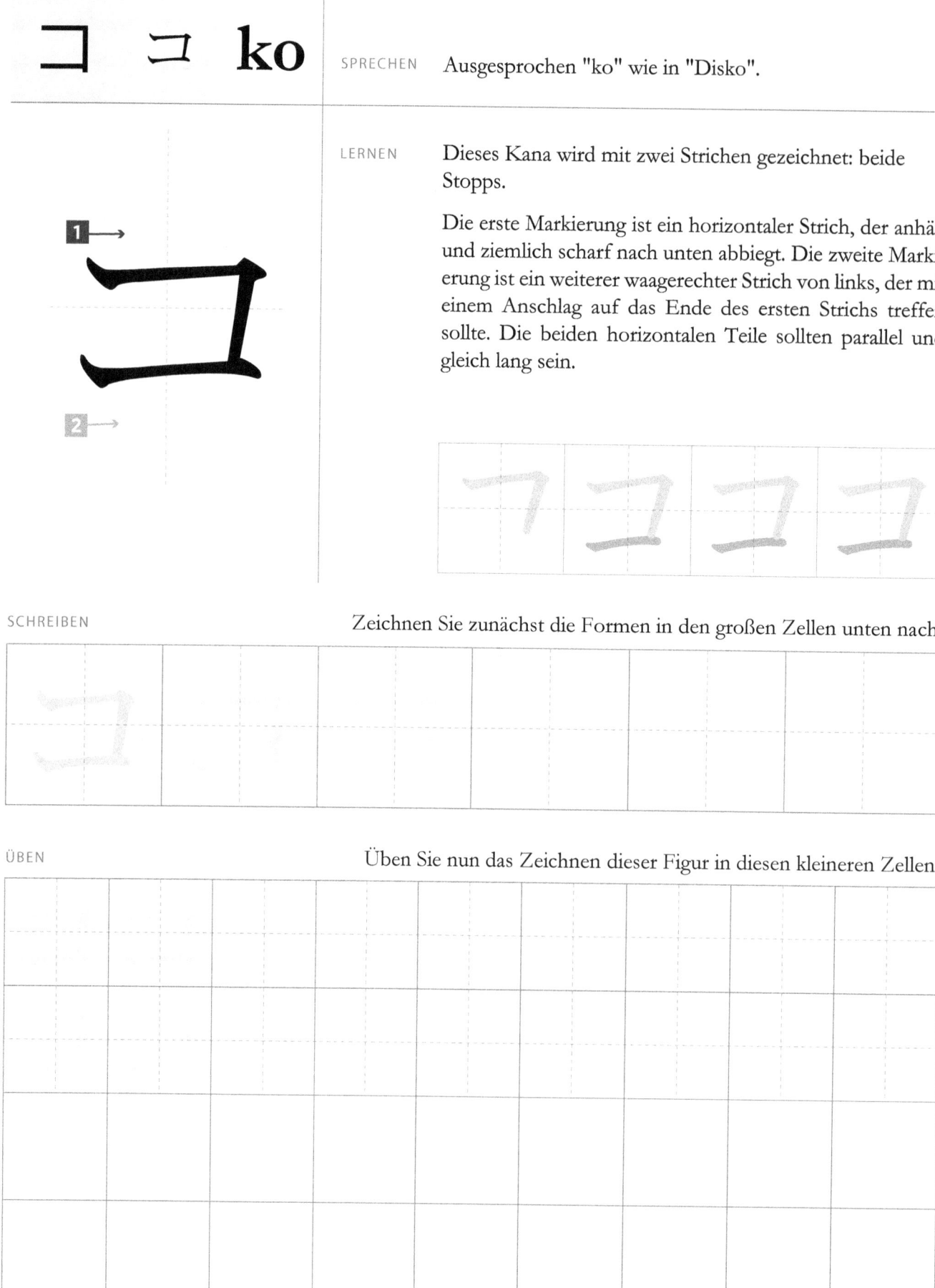

LERNEN

Dieses Kana wird mit zwei Strichen gezeichnet: beide Stopps.

Die erste Markierung ist ein horizontaler Strich, der anhält und ziemlich scharf nach unten abbiegt. Die zweite Markierung ist ein weiterer waagerechter Strich von links, der mit einem Anschlag auf das Ende des ersten Strichs treffen sollte. Die beiden horizontalen Teile sollten parallel und gleich lang sein.

SCHREIBEN   Zeichnen Sie zunächst die Formen in den großen Zellen unten nach.

ÜBEN   Üben Sie nun das Zeichnen dieser Figur in diesen kleineren Zellen.

サ サ **sa**

Wird wie das "ßa" ausgesprochen, wie in "großartig".

LERNEN Dieses Kana wird mit drei Strichen gezeichnet: stop, stop, fade.

Beginnen Sie dieses Kana mit einer langen horizontalen Linie. Ihr zweiter Strich durchschneidet den ersten etwa ein Drittel von links, gerade nach unten bis zu einem Anschlag gezogen. Der dritte Strich ist ein längerer gebogener Strich, der den ersten durchschneidet, etwa ein Drittel der Länge von rechts her. Er beginnt als senkrechte Linie vor dem Schnittpunkt, krümmt sich aber nach dem Durchkreuzen durch den ersten Strich nach links.

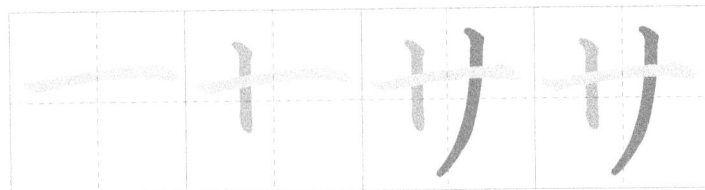

SCHREIBEN Zeichnen Sie zunächst die Formen in den großen Zellen unten nach.

ÜBEN Üben Sie nun das Zeichnen dieser Figur in diesen kleineren Zellen.

シ シ **shi**

Ausgesprochen "schie" wie in "schieben".

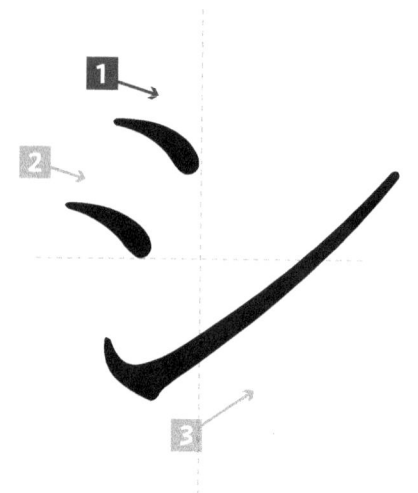

LERNEN Zeichnen Sie dieses Kana mit drei Strichen; stop, stop, fade.

Sowohl der erste als auch der zweite Strich sind kurze Stoppmarken, die parallel und leicht schräg nach unten verlaufen. Ihr dritter Strich beginnt im unteren linken Bereich, unterhalb der ersten Striche, und wölbt sich nach oben und nach rechts. Achten Sie besonders auf die Abstände der drei Striche und die Punkte, an denen sie beginnen. Wir werden weiter vorne einige sehr ähnlich aussehende Zeichen sehen.

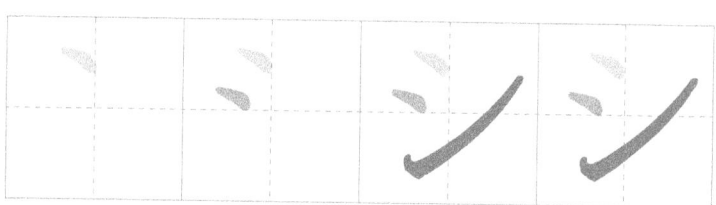

SCHREIBEN   Zeichnen Sie zunächst die Formen in den großen Zellen unten nach.

ÜBEN   Üben Sie nun das Zeichnen dieser Figur in diesen kleineren Zellen.

ス　ス　**su**

Ausgesprochen "su" wie in "super".

Zwei Striche: einen langen Fade und einen Stop.

Dieses Zeichen beginnt mit einem Strich, den wir in früheren Kana gemacht haben. Es beginnt mit einem waagerechten Strich von links nach rechts, bevor dieser scharf in eine Kurve übergeht, die sich nach unten und wieder nach links in einer Überblendung bewegt. Ihr zweites Zeichen ist ein relativ kurzer Stoppstrich und beginnt etwa in der Mitte der Kurve aus dem ersten Strich. Die zweite Markierung ist ein relativ kurzer Stoppstrich und beginnt etwa in der Mitte der Kurve des ersten Strichs.

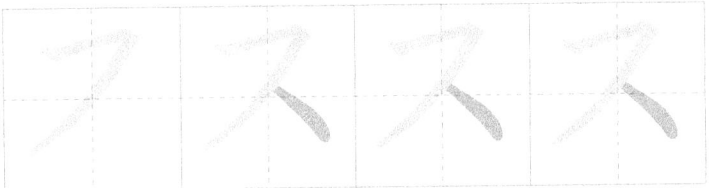

Zeichnen Sie zunächst die Formen in den großen Zellen unten nach.

Üben Sie nun das Zeichnen dieser Figur in diesen kleineren Zellen.

セ　セ　se

Wird ausgesprochen wie das "Sä" in "Säge".

Dieses Kana wird mit zwei Strichen gezeichnet; einem Fade und einem Stop.

Beginnen Sie den ersten Strich mit einer relativ langen, schrägen Linie von links nach rechts. Wenn Sie sich der rechten Seite nähern, geht er in eine kurze Überblendung nach unten und nach links über - aber nicht ganz so scharf wie andere Kana. Ihr zweites Zeichen beginnt als gerade vertikale Linie, die von oben gezeichnet wird und dann sanft nach rechts, in die Nähe des Zellenbodens, schwingt.

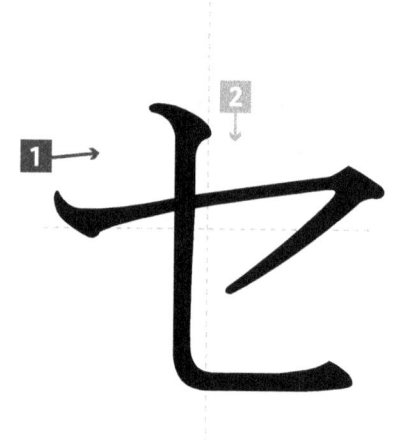

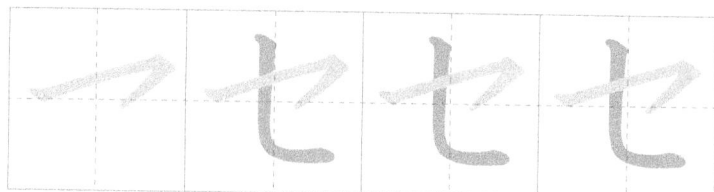

Zeichnen Sie zunächst die Formen in den großen Zellen unten nach.

Üben Sie nun das Zeichnen dieser Figur in diesen kleineren Zellen.

ソ ソ **so**

Wird ausgesprochen wie das "So" in "Soja".

Dieses Kana wird mit zwei Strichen erzeugt; kurzer Stopp, Überblendung.

Beginnen Sie mit einem kurzen, schrägen Stoppstrich oben links. Dieser Strich sollte in einem ziemlich steilen Winkel erfolgen, aber so, dass er wie ein senkrechter Strich aussieht. Der zweite Strich wird wiederum mit einer langen, auslaufenden Kurve nach unten und links ausgeführt. Der Startpunkt für den zweiten Strich sollte sich auf einer ähnlichen Höhe wie der erste befinden.

SCHREIBEN — Zeichnen Sie zunächst die Formen in den großen Zellen unten nach.

ÜBEN — Üben Sie nun das Zeichnen dieser Figur in diesen kleineren Zellen.

タ タ **ta**

Wird wie das "Ta" in "Tag" ausgesprochen, aber kürzer.

LERNEN Dieses Kana wird mit drei Strichen gezeichnet; verblassen, verblassen, stoppen.

Ein weiteres Kana mit einigen nun bekannten Formen. Ähnlich wie bei ク und ケ ist Ihr erster Strich eine auslaufende diagonale Kurve von der oberen Mitte nach unten links. Der zweite Strich beginnt mit einer waagerechten Linie vom gleichen Startpunkt wie der erste, die nach links unten gebogen ist. Ihre letzte Markierung ist eine kurze diagonale Linie von der Mitte des ersten Strichs. Sie schneidet die Mitte des zweiten Strichs.

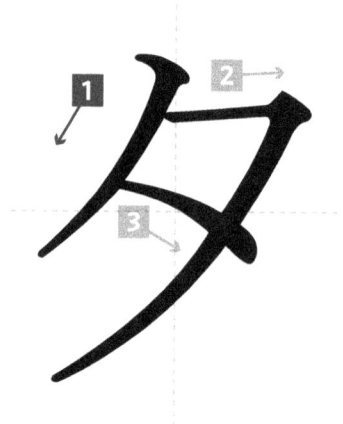

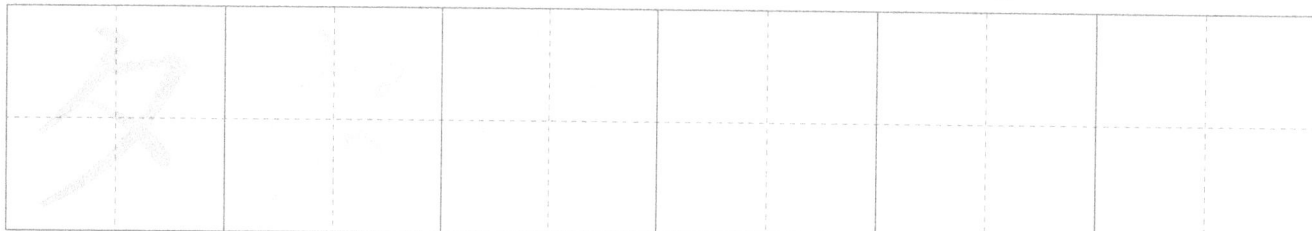

SCHREIBEN Zeichnen Sie zunächst die Formen in den großen Zellen unten nach.

ÜBEN Üben Sie nun das Zeichnen dieser Figur in diesen kleineren Zellen.

82

チ チ chi

Wird genauso ausgesprochen wie das "Chi" in "Tai-Chi".

LERNEN

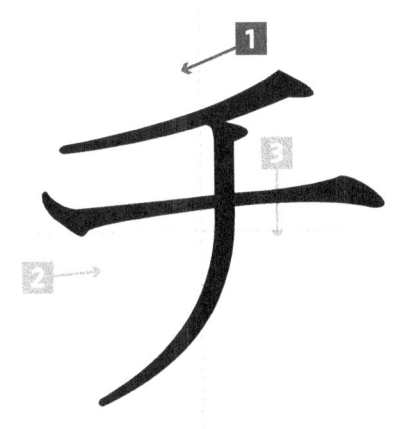

Dieses Kana wird mit drei Strichen gezeichnet; verblassen, stoppen, verblassen.

Ihr erster Strich ist eine flache, auslaufende Kurve von oben rechts und leicht nach unten zur linken Seite. Strich Nummer 2 ist eine lange horizontale Linie mit einem Stopp. Ihr dritter Strich sollte in der Mitte der ersten Kurve beginnen und sich mit dem zweiten Strich kreuzen, bevor er nach unten und nach links gebogen wird. Achten Sie darauf, dass Ihr zweiter Strich auf beiden Seiten breiter als der erste Strich ist!

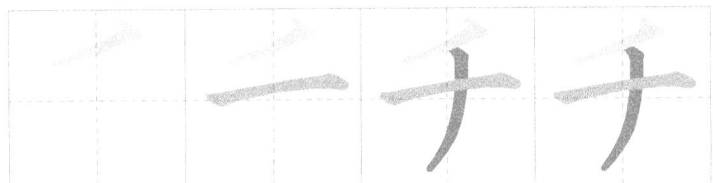

SCHREIBEN

Zeichnen Sie zunächst die Formen in den großen Zellen unten nach.

ÜBEN

Üben Sie nun das Zeichnen dieser Figur in diesen kleineren Zellen.

ツ ツ **tsu**

Wird genauso ausgesprochen wie das "Tsu" in "Tsunami".

LERNEN

Dieses Kana hat drei Striche: Zwei Stopps und eine Überblendung.

Dieses Zeichen sieht ähnlich aus wie das Katakana シ und sowohl die ersten beiden Striche werden wieder als zwei parallele, schräge Linien ausgeführt. Ihr dritter Strich ist eine schwungvolle, auslaufende Kurve von rechts oben nach links unten. Achten Sie aus den gleichen Gründen auf die Abstände der Startpunkte für jeden Strich.

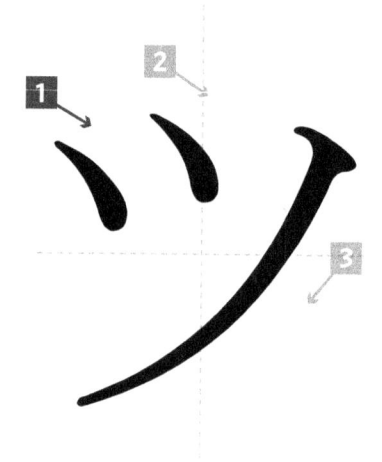

SCHREIBEN

Zeichnen Sie zunächst die Formen in den großen Zellen unten nach.

ÜBEN

Üben Sie nun das Zeichnen dieser Figur in diesen kleineren Zellen.

テ テ **te**

SPRECHEN Wird ausgesprochen wie das "The" in "Thema".

LERNEN Dieses Kana wird mit drei Strichen gezeichnet; stop, stop, fade.

Dieses Kana beginnt mit zwei parallelen Stoppstrichen, die horizontale Linien von links nach rechts bilden. Achten Sie darauf, dass Ihr zweiter Strich länger ist als der erste. Ihr drittes Zeichen ist ein kürzerer, gebogener diagonaler Strich nach unten und zur linken Seite. Sie beginnt in der Mitte Ihres zweiten Strichs.

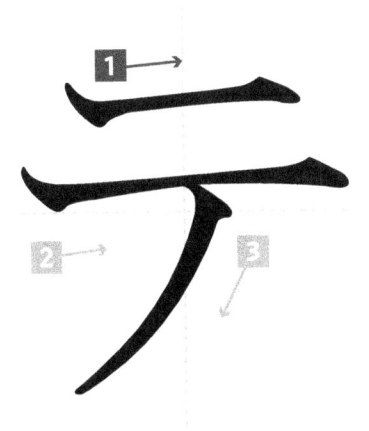

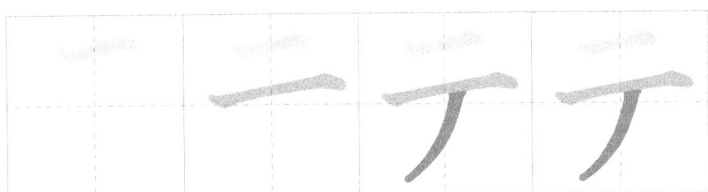

SCHREIBEN Zeichnen Sie zunächst die Formen in den großen Zellen unten nach.

ÜBEN Üben Sie nun das Zeichnen dieser Figur in diesen kleineren Zellen.

ト　ト　**to**

Wird ausgesprochen wie das "to" in "toll".

Dieses Kana wird mit zwei Strichen erzeugt: Stop, Stop.

Zeichnen Sie eine lange vertikale Linie, die in der Nähe des oberen Bereichs der Zelle und leicht links von der Mitte beginnt und mit einem Stopp in der Nähe des unteren Bereichs der Zelle endet. Die zweite Linie ist ein viel kürzeres Stoppzeichen, das oberhalb der Mitte der Zelle beginnt und diagonal nach unten und rechts verläuft.

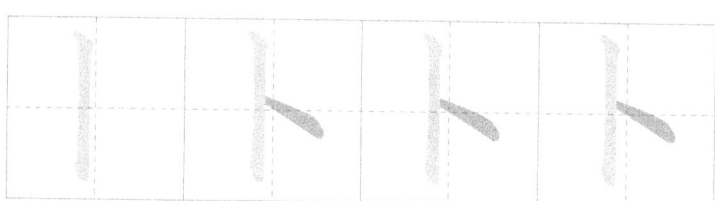

Zeichnen Sie zunächst die Formen in den großen Zellen unten nach.

Üben Sie nun das Zeichnen dieser Figur in diesen kleineren Zellen.

ナ ナ **na**

Wird ausgesprochen wie das "Na" in "Nacht".

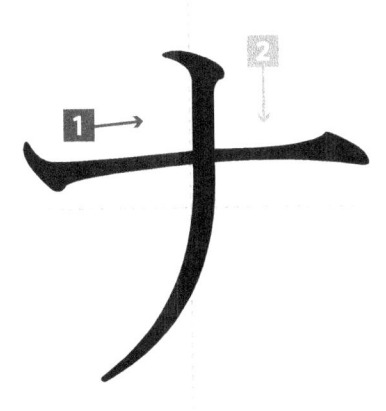

LERNEN

Dieses Kana hat zwei Striche: einen Stopp- und einen Überblendstrich.

Beginnen Sie mit einem relativ langen horizontalen Stoppstrich, oberhalb der Mittellinie. Der zweite Strich beginnt in der Nähe des oberen Randes, in der Mitte, und wird nach unten und durch den ersten Strich gezogen. Er beginnt als senkrechter Strich und biegt nach dem Schnittpunkt nach links unten ab.

SCHREIBEN

Zeichnen Sie zunächst die Formen in den großen Zellen unten nach.

ÜBEN

Üben Sie nun das Zeichnen dieser Figur in diesen kleineren Zellen.

二　二　**ni**

SPRECHEN Wird ausgesprochen wie das "ni" in "niesen".

LERNEN Dieses Kana hat zwei Striche; beide sind Anschläge.

Als eines der einfacheren der Katakana-Symbole zeichnen wir 二 mit zwei parallelen Linien. Jeder bewegt sich horizontal von links nach rechts, mit einer leichten Neigung. Der zweite Strich sollte länger sein als der erste und sich auf beiden Seiten erstrecken.

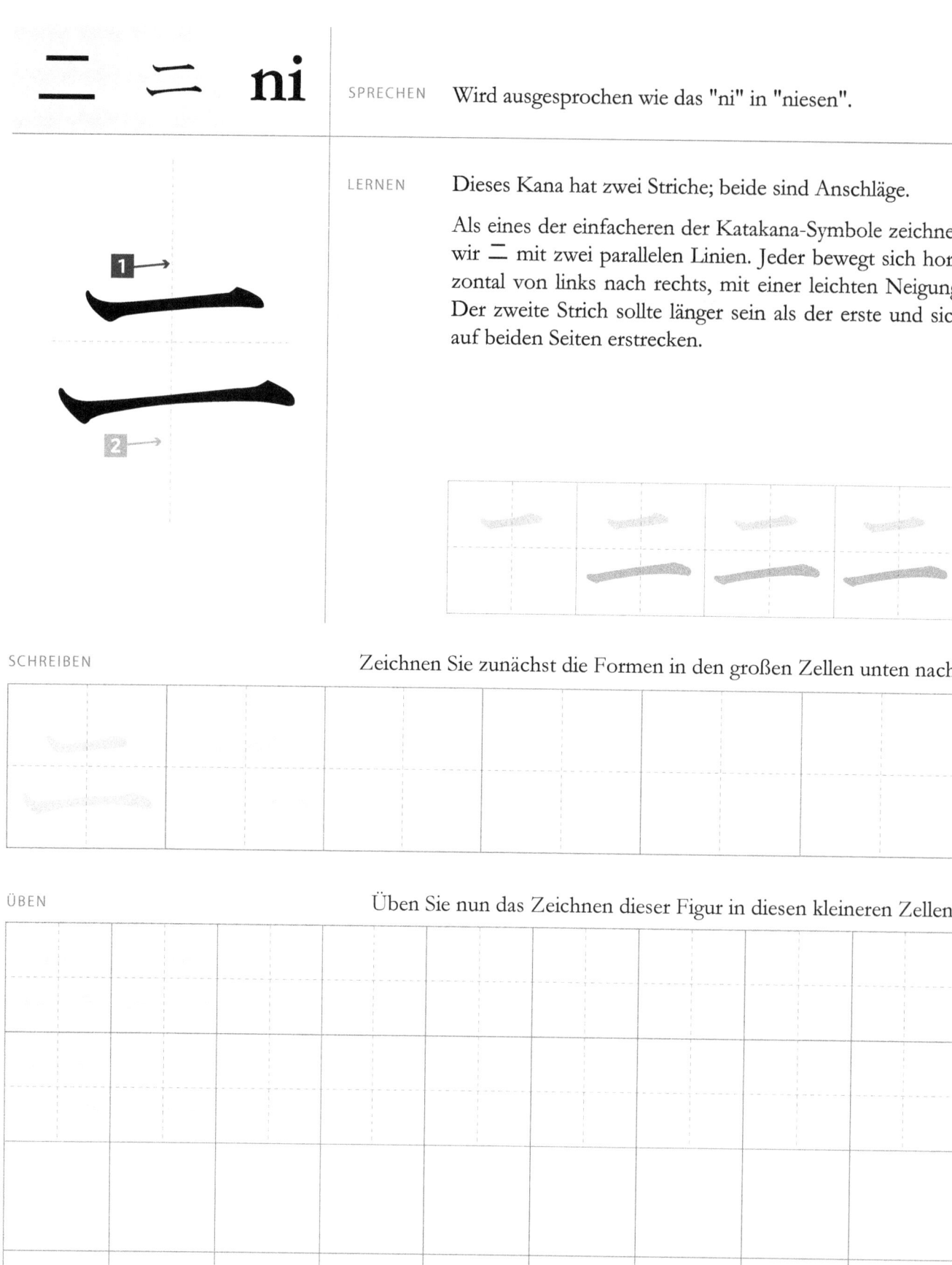

SCHREIBEN Zeichnen Sie zunächst die Formen in den großen Zellen unten nach.

ÜBEN Üben Sie nun das Zeichnen dieser Figur in diesen kleineren Zellen.

ヌ ヌ nu

Ausgesprochen wie das "Nu" in "Nudeln", aber kurz.

Mit zwei Strichen gezeichnet; eine lange Überblendung, Stopp.

Beginnen Sie Ihren ersten Strich mit einer leicht schrägen horizontalen Linie von links nach rechts und ein wenig nach oben. Ohne den Stift anzuheben, machen Sie eine scharfe Wendung nach unten in eine lange, geschwungene Kurve. Ihre zweite Markierung ist eine kürzere Kurve, die mit einem Anschlag endet. Sie beginnt unterhalb des Beginns Ihres ersten Strichs und schneidet durch die Mitte der soeben gezeichneten Kurve.

Zeichnen Sie zunächst die Formen in den großen Zellen unten nach.

Üben Sie nun das Zeichnen dieser Figur in diesen kleineren Zellen.

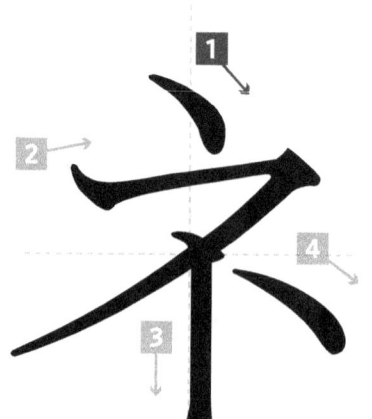 **ne**

Ausgesprochen wie das "Ne" in "Nest".

LERNEN

Dieses Kana hat vier Striche; Stopp, Fade, Stopp und Stopp.

Beginnen Sie mit einer kurzen abgewinkelten Stoppmarke in der oberen Mitte. Ihre zweite Markierung beginnt mit einer horizontalen Linie, bevor sie in einer scharfen Kurve nach unten und links ausläuft. Strich drei ist eine vertikale Linie mit einem Stopp, die in der Mitte der Kurve in Strich 2 beginnt. Die letzte Markierung ist eine kurze diagonale Linie, die ungefähr so lang sein sollte wie das untere Ende Ihrer langen Kurve.

SCHREIBEN

Zeichnen Sie zunächst die Formen in den großen Zellen unten nach.

ÜBEN

Üben Sie nun das Zeichnen dieser Figur in diesen kleineren Zellen.

ノ ノ **no**

Wird wie das "No" in "Nordpol" augesprochen.

Dieses Kana wird mit einem Strich geschrieben, einer Überblendung.

Dies ist wahrscheinlich das einfachste der Katakana und besteht aus einem einzigen, verblassenden Kurvenstrich. Beginnen Sie oben rechts und streichen Sie nach unten bis zu einer Überblendung unten links. Achten Sie auf die Positionierung dieses Kana.

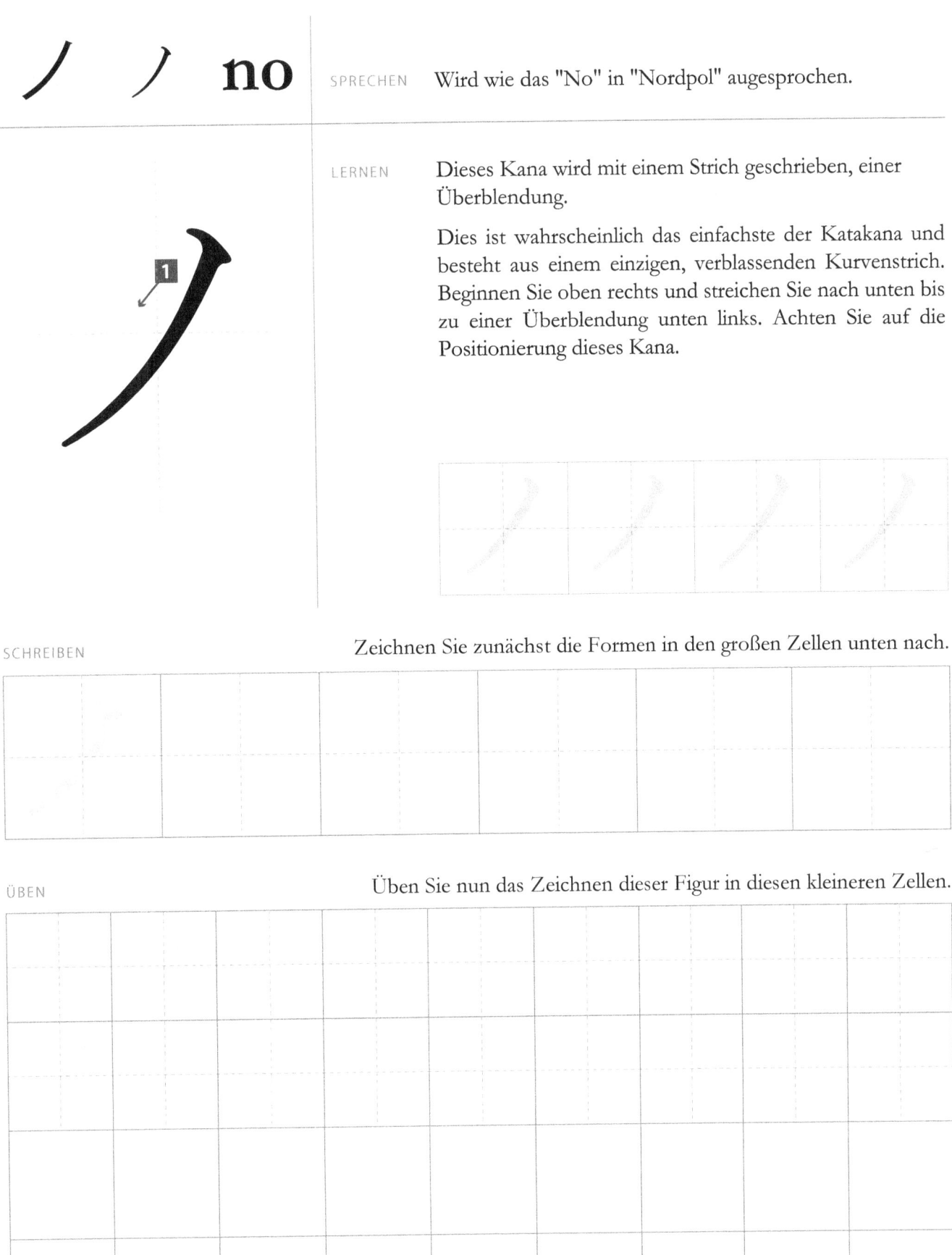

Zeichnen Sie zunächst die Formen in den großen Zellen unten nach.

Üben Sie nun das Zeichnen dieser Figur in diesen kleineren Zellen.

ハ ハ ha

Wird wie das "ha" in "hallo" ausgesprochen.

LERNEN Zeichnen Sie dieses Kana mit zwei Strichen; einer Überblendung und einem Stopp.

Ihr erster Strich ist eine geschwungene diagonale Linie, die knapp links von der Mitte beginnt und nach links hin abnimmt. Der zweite Strich spiegelt den ersten fast wider, endet aber mit einem Stopp im unteren rechten Bereich. Die Startpunkte sollten in einem gewissen Abstand voneinander und von der Mittellinie entfernt liegen.

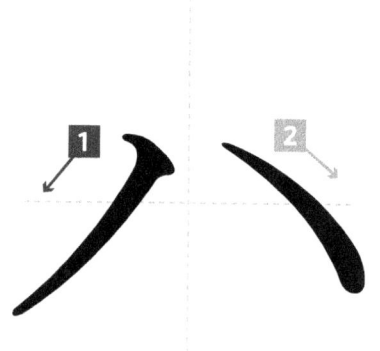

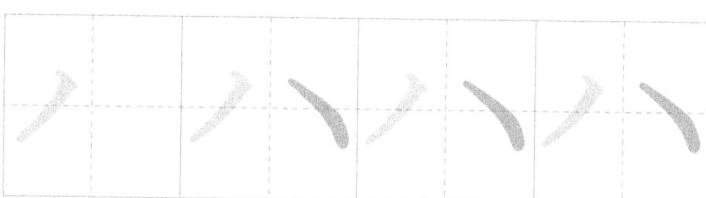

SCHREIBEN Zeichnen Sie zunächst die Formen in den großen Zellen unten nach.

ÜBEN Üben Sie nun das Zeichnen dieser Figur in diesen kleineren Zellen.

ヒ ヒ hi

Ausgesprochen wie das "Hy" in "Hymne".

LERNEN Mit zwei Strichen gezeichnet; beide sind Anschläge.

Machen Sie den ersten Strich als leicht gewinkelte Linie von links nach rechts, die mit einem Anschlag endet. Ihre zweite Markierung beginnt oben links und verläuft als senkrechter Strich nach unten, der das Ende des ersten Strichs gerade berührt. Wenn sich Ihr Stift dem unteren Teil der Zelle nähert, drehen Sie ihn leicht nach rechts - dies ist keine scharf gewinkelte Ecke wie in anderen Kana. Der zweite Strich sollte etwa unterhalb des Endes Ihres ersten zum Stillstand kommen.

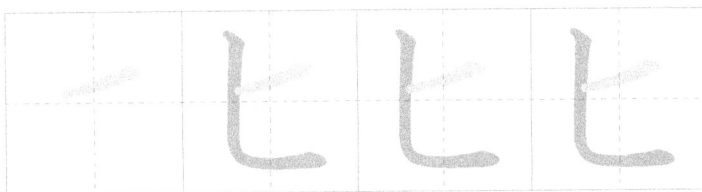

SCHREIBEN Zeichnen Sie zunächst die Formen in den großen Zellen unten nach.

ÜBEN Üben Sie nun das Zeichnen dieser Figur in diesen kleineren Zellen.

フ フ **fu**

Ausgesprochen wie das "Fu" in "Fuji".

LERNEN   Mit einem einzigen Strich gezeichnet; es ist eine lange Überblendung.

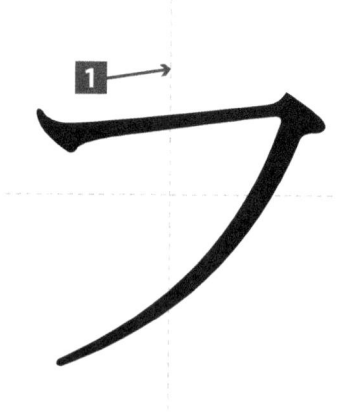

Dieses Kana wurde als Teil der vorherigen Symbole in dieser Arbeitsmappe gezeichnet. Es hat eine ähnliche Form wie die Zahl 7 und beginnt mit einer leicht geneigten horizontalen Linie. Wenn sich Ihr Stift der rechten Seite der Zelle nähert, sollte er sich ziemlich stark drehen. Halten Sie Ihren Stift auf der Seite, während Sie fortfahren um die lange, auslaufende Kurve nach unten in Richtung der unteren linken Seite der Zelle zu zeichnen.

SCHREIBEN   Zeichnen Sie zunächst die Formen in den großen Zellen unten nach.

ÜBEN   Üben Sie nun das Zeichnen dieser Figur in diesen kleineren Zellen.

∧ ∧ **he**

Wird wie das "He" in "Helga" augesprochen.

LERNEN Dieses Kana wird mit einem Strich ausgeführt; ein Anschlag.

Dieses Einstrich-Kana beginnt in der Mitte auf der linken Seite der Zelle. Ziehen Sie Ihren Stift diagonal nach oben und rechts, aber bevor Sie die Mittellinie erreichen, drehen Sie wieder nach unten und machen Sie den längeren diagonalen Strich nach rechts unten. Achten Sie darauf, dass sich der "Punkt" oben links von der Mittellinie befindet.

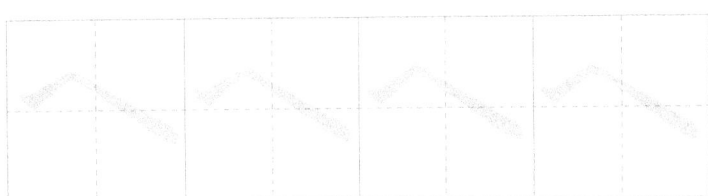

SCHREIBEN Zeichnen Sie zunächst die Formen in den großen Zellen unten nach.

ÜBEN Üben Sie nun das Zeichnen dieser Figur in diesen kleineren Zellen.

ホ ホ **ho**

Ausgesprochen wie das "Ho" in "Hochzeit".

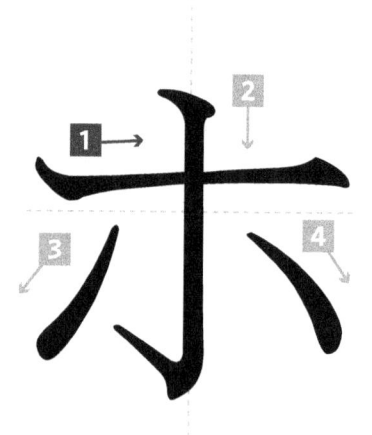

LERNEN Dieses Kana hat vier Striche: Stopp, Sprungüberblendung, Stopp und Stopp.

Der erste Strich ist eine horizontale Linie von links nach rechts. Der zweite Strich ist eine vertikale Linie, die die Mitte des ersten Strichs knapp über der Mitte der Zelle schneidet. Beenden Sie mit einem "hane", indem Sie den Stift vom Papier wegschnippen. Der dritte und vierte Strich wird auf die gleiche Weise ausgeführt, wie wir das Kana ハ zeichnen, nämlich spiegelbildlich. Sie sollten keinen Kontakt mit anderen Zeichen haben.

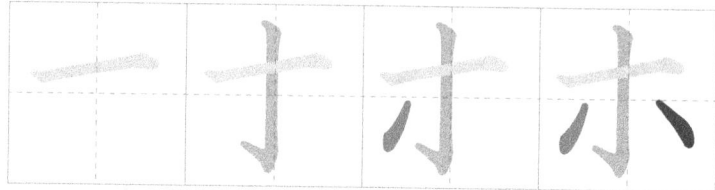

SCHREIBEN Zeichnen Sie zunächst die Formen in den großen Zellen unten nach.

ÜBEN Üben Sie nun das Zeichnen dieser Figur in diesen kleineren Zellen.

マ マ **ma**

Wird wie das "Ma" in "Maria" ausgesprochen.

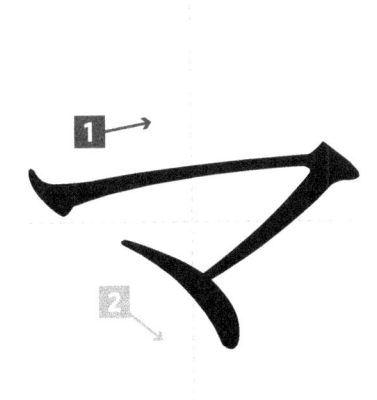

LERNEN

Mit zwei Strichen gezeichnet; lange Überblendung, kurzer Stopp.

Beginnen Sie mit einem vertrauten ersten Strich und ziehen Sie Ihren Stift in einer horizontalen Linie über die Zelle. Ohne den Stift anzuheben, machen Sie einen scharfen Bogen nach hinten und unten mit einer kürzeren, verblassten Kurve nach links. Ihr zweiter Strich ist eine relativ kurze Linie, die schräg nach unten und nach rechts verläuft. Achten Sie darauf, dies nicht mit dem Kana ア zu verwechseln, das wir am Anfang gelernt haben!

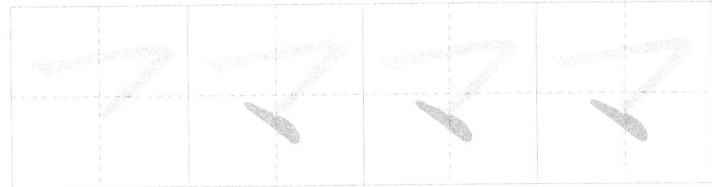

SCHREIBEN

Zeichnen Sie zunächst die Formen in den großen Zellen unten nach.

ÜBEN

Üben Sie nun das Zeichnen dieser Figur in diesen kleineren Zellen.

 mi

Wird als "mi" ausgesprochen, wie das "Me" in Medien.

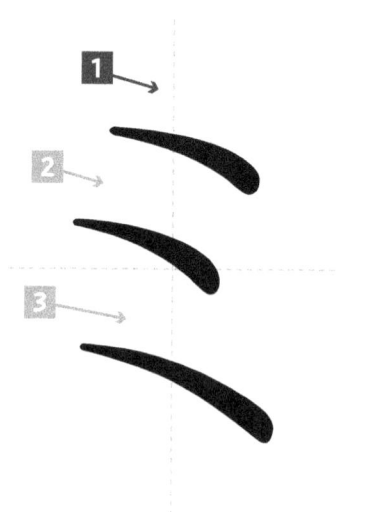

LERNEN

Mit drei Strichen gezeichnet; jeder ist ein kurzer Stopp.

Dieses Kana ist relativ einfach und besteht aus drei kurzen, parallelen Linien. Jeder wird in einem leichten Winkel gezeichnet, wobei der Stift in der Abwärtsbewegung von links nach rechts zum Stillstand kommt. Der dritte Strich ist etwas länger, und die Startposition liegt etwas weiter rechts.

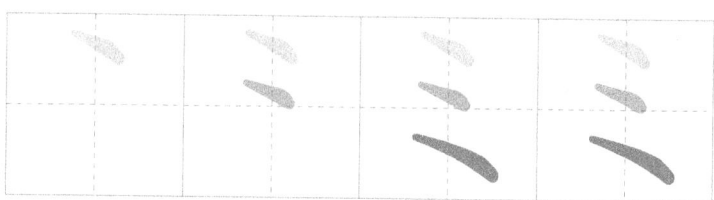

SCHREIBEN

Zeichnen Sie zunächst die Formen in den großen Zellen unten nach.

ÜBEN

Üben Sie nun das Zeichnen dieser Figur in diesen kleineren Zellen.

△ 厶 **mu**

Wird wie *"Muh"* ausgesprochen, wie eine Kuh klingt.

LERNEN Mit zwei Strichen gezeichnet; jeder ist ein kurzer Stopp.

Es sieht fast wie drei separate Striche aus, aber der erste erzeugt eine Art L-Form. Beginnen Sie mit einer geraden Linie, die diagonal von der oberen Mitte nach unten links gezogen wird. Halten Sie den Stift auf dem Papier und machen Sie eine scharfe Kurve nach rechts. Bewegen Sie sich in einem viel flacheren Winkel über die Zelle und enden Sie mit einem Stopp. Der zweite Strich ist eine kurze diagonale Stoppmarkierung, die das Ende des ersten Strichs beim Abtauchen berühren sollte.

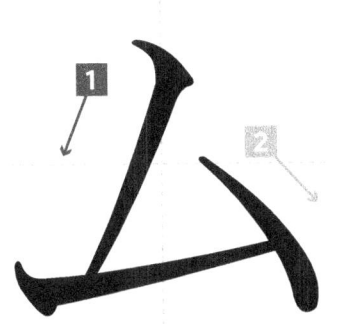

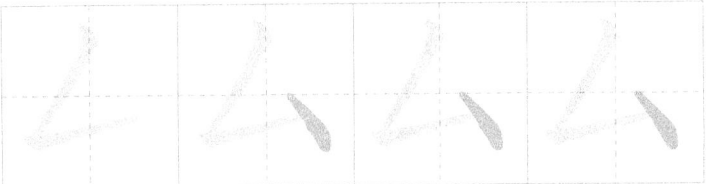

SCHREIBEN   Zeichnen Sie zunächst die Formen in den großen Zellen unten nach.

ÜBEN   Üben Sie nun das Zeichnen dieser Figur in diesen kleineren Zellen.

99

メ　メ **me**

Wird als "meh" ausgesprochen, wie das "Me" in "Mensch".

LERNEN

Dieses Kana wird mit zwei Strichen gezeichnet; einer Überblendung und einem Anschlag.

Ihr erster Strich ist eine relativ lange geschwungene Linie, die vom oberen rechten Quadranten nach unten links gezogen wird. Dieser Strich sollte mit einer Überblendung enden. Die zweite diagonale Markierung ist ein kürzerer Bogen, der die Mitte Ihres ersten Strichs durchschneidet und mit einem Anschlag endet.

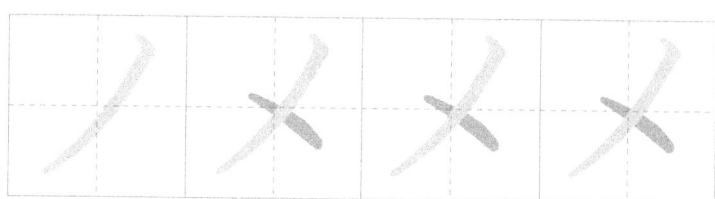

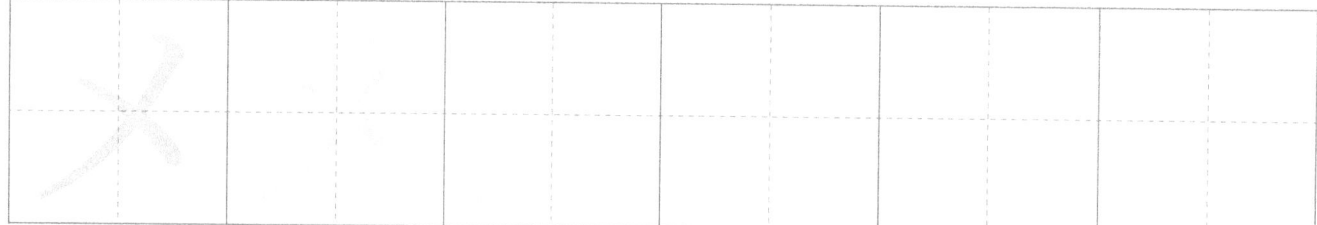

SCHREIBEN

Zeichnen Sie zunächst die Formen in den großen Zellen unten nach.

ÜBEN

Üben Sie nun das Zeichnen dieser Figur in diesen kleineren Zellen.

モ　モ　**mo**

Wird genauso ausgesprochen wie das "Mo" in "Monat".

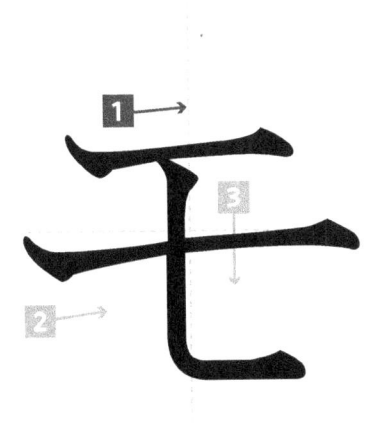

Dieses Kana hat drei Striche; alle sind Anschläge.

Beginnen Sie dieses Kana, indem Sie den ersten und zweiten Strich als zwei horizontale Linien zeichnen. Der zweite sollte etwas länger sein als der erste. Ihr dritter Strich beginnt auf dem ersten Strich und wird zunächst als senkrechte Linie nach unten gezeichnet. Er wird Ihren zweiten Strich durchschneiden und, wenn sich Ihr Stift dem unteren Ende der Zelle nähert, leicht nach rechts drehen und auf der rechten Seite zum Stillstand kommen.

Zeichnen Sie zunächst die Formen in den großen Zellen unten nach.

Üben Sie nun das Zeichnen dieser Figur in diesen kleineren Zellen.

ヤ ヤ **ya**

Ausgesprochen wie das "Ya" in "Yak".

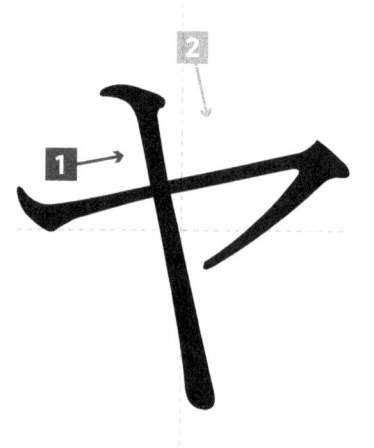

Zwei Striche; einer Überblendung und einem Stopp.

Wir beginnen das Zeichnen dieses Kana mit einer geraden Linie von links nach rechts, in einem relativ flachen Winkel nach oben. Wenn wir uns der rechten Seite der Zelle nähern, dreht es sich scharf nach unten und mit einer kurzen Überblendung zurück zur Mitte. Ihr zweiter Schlag ist eine lange diagonale Linie vom oberen linken Teil der Zelle, näher an der Mitte als an der Seite, und er durchschneidet den ersten Strich etwa ein Drittel des Weges vom Anfang.

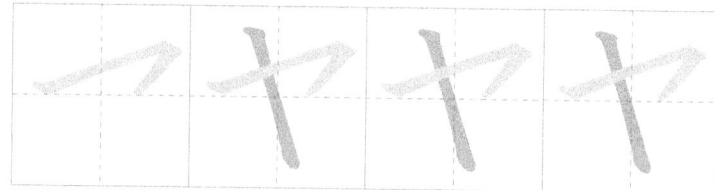

Zeichnen Sie zunächst die Formen in den großen Zellen unten nach.

Üben Sie nun das Zeichnen dieser Figur in diesen kleineren Zellen.

ユ ユ **yu**

Wird ausgesprochen wie das "Yu" in "Yucatán".

Dieses Kana wird mit zwei Strichen gezeichnet; beide sind Anschläge.

Ihr erster Strich beginnt als kurze horizontale Linie und macht dann eine scharfe Kurve nach unten bis zu einem Anschlag. Ihr zweiter Strich beginnt weiter links als Ihr erster und unterhalb der Mittellinie. Sie ist ein längerer horizontaler Strich und muss das Ende des ersten Strichs berühren. Damit dieses Zeichen nicht mit dem Katakana ユ verwechselt wird, achten Sie darauf, dass der zweite Strich auf beiden Seiten weiter reicht.

Zeichnen Sie zunächst die Formen in den großen Zellen unten nach.

Üben Sie nun das Zeichnen dieser Figur in diesen kleineren Zellen.

ヨ ヨ **yo**

Wird genauso ausgesprochen wie das "Yo" in "Yo-yo".

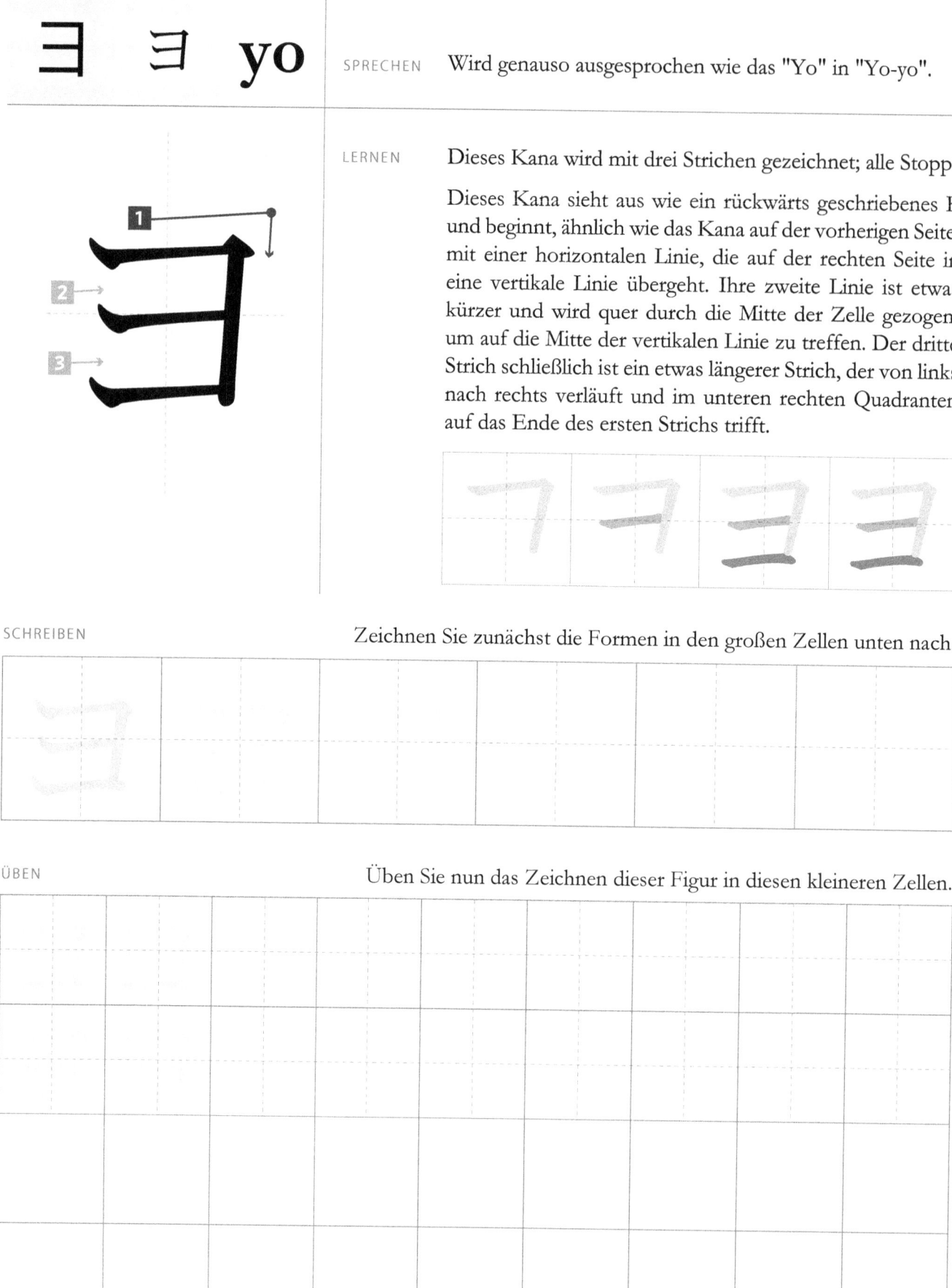

LERNEN Dieses Kana wird mit drei Strichen gezeichnet; alle Stopps.

Dieses Kana sieht aus wie ein rückwärts geschriebenes E und beginnt, ähnlich wie das Kana auf der vorherigen Seite, mit einer horizontalen Linie, die auf der rechten Seite in eine vertikale Linie übergeht. Ihre zweite Linie ist etwas kürzer und wird quer durch die Mitte der Zelle gezogen, um auf die Mitte der vertikalen Linie zu treffen. Der dritte Strich schließlich ist ein etwas längerer Strich, der von links nach rechts verläuft und im unteren rechten Quadranten auf das Ende des ersten Strichs trifft.

SCHREIBEN　　　　　Zeichnen Sie zunächst die Formen in den großen Zellen unten nach.

ÜBEN　　　　　Üben Sie nun das Zeichnen dieser Figur in diesen kleineren Zellen.

ラ ラ ラ **ra**

Ausgesprochen wie das "Ra" in "Rahmen".

LERNEN Dieses Kana wird mit zwei Strichen gezeichnet; stoppen, ausblenden.

Beginnen Sie mit einer kurzen horizontalen Linie mit einem Stoppstrich nahe dem oberen Ende der Zelle. Strich Nummer zwei ist wie die Form der Zahl 7 und beginnt mit einer längeren, horizontalen Linie parallel zum ersten Strich. Er dreht sich dann zu einer langen, gebogenen diagonalen Linie. Blenden Sie diesen Strich in Richtung des zentralen Bereich unten aus.

SCHREIBEN Zeichnen Sie zunächst die Formen in den großen Zellen unten nach.

ÜBEN Üben Sie nun das Zeichnen dieser Figur in diesen kleineren Zellen.

リ リ **ri**

Ausgesprochen wie das "Ri" in "Ringer".

LERNEN   Mit zwei Strichen gezeichnet; stoppen, ausblenden.

Dies ist ein weiteres Katakana-Symbol, das dem Hiragana-Gegenstück visuell ähnelt. Der erste Strich ist einfach eine gerade, vertikale Linie vom oberen linken Bereich bis knapp unter die Mittellinie. Er endet mit einem Stopp. Der zweite Strich beginnt auf ähnlicher Höhe wie der erste und wird gerade bis zur Mittellinie gezeichnet, bevor er sich zum unteren linken Bereich der Zelle zurückbiegt - beenden Sie diesen Strich mit einer Überblendung.

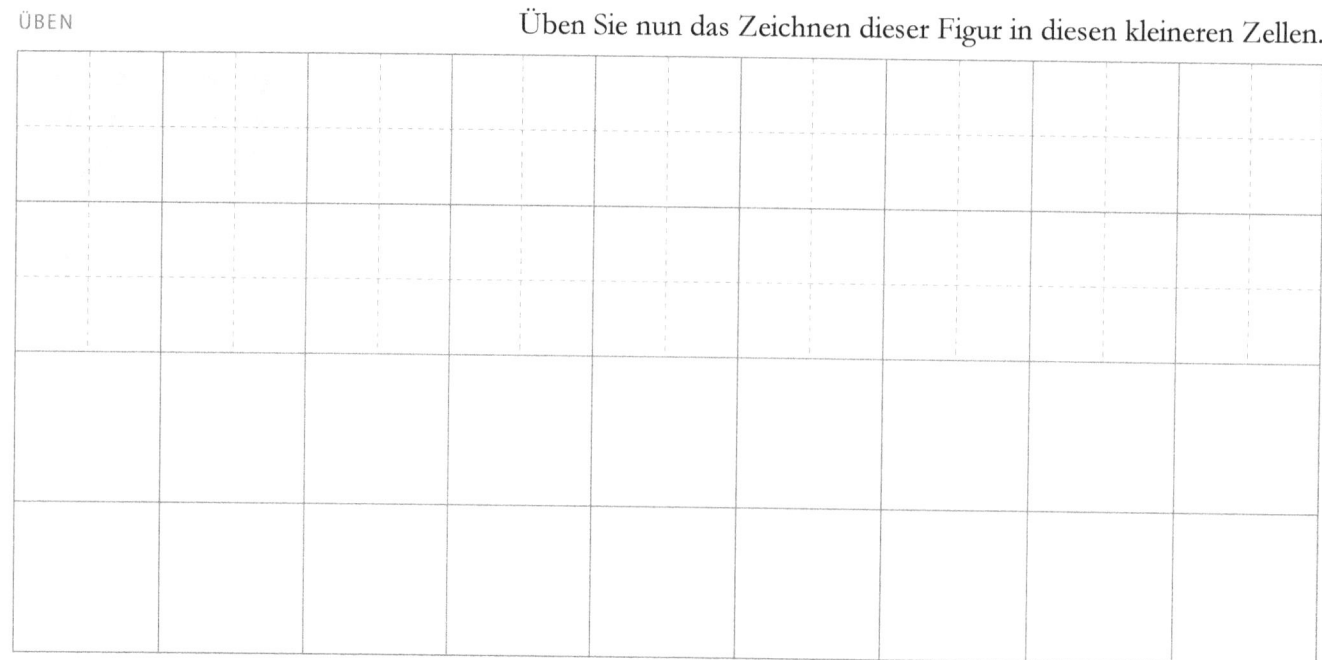

SCHREIBEN   Zeichnen Sie zunächst die Formen in den großen Zellen unten nach.

ÜBEN   Üben Sie nun das Zeichnen dieser Figur in diesen kleineren Zellen.

ル ル **ru**

SPRECHEN   Ausgesprochen wie das "Ru" in "Ruhe".

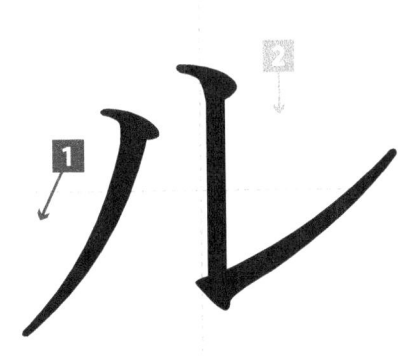

LERNEN   Dieses Kana wird mit zwei Strichen gezeichnet; beide sind Überblendungen.

Beginnen Sie mit einer geschwungenen Linie vom oberen Bereich bis zur unteren linken Seite und beenden Sie sie mit einer Überblendung. Der zweite Strich beginnt als gerade, vertikale Linie von einem höheren Punkt als der erste, und zwar genau rechts von der Mittellinie. Wenn sich der Stift dem unteren Bereich nähert, schwenkt er scharf nach rechts und endet mit einem leicht gebogenen, verblassenden Strich.

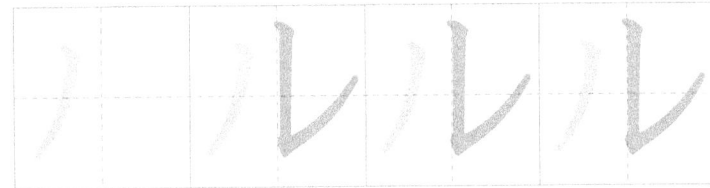

SCHREIBEN   Zeichnen Sie zunächst die Formen in den großen Zellen unten nach.

ÜBEN   Üben Sie nun das Zeichnen dieser Figur in diesen kleineren Zellen.

レ レ **re**

Wird ausgesprochen wie das "re" in "reden".

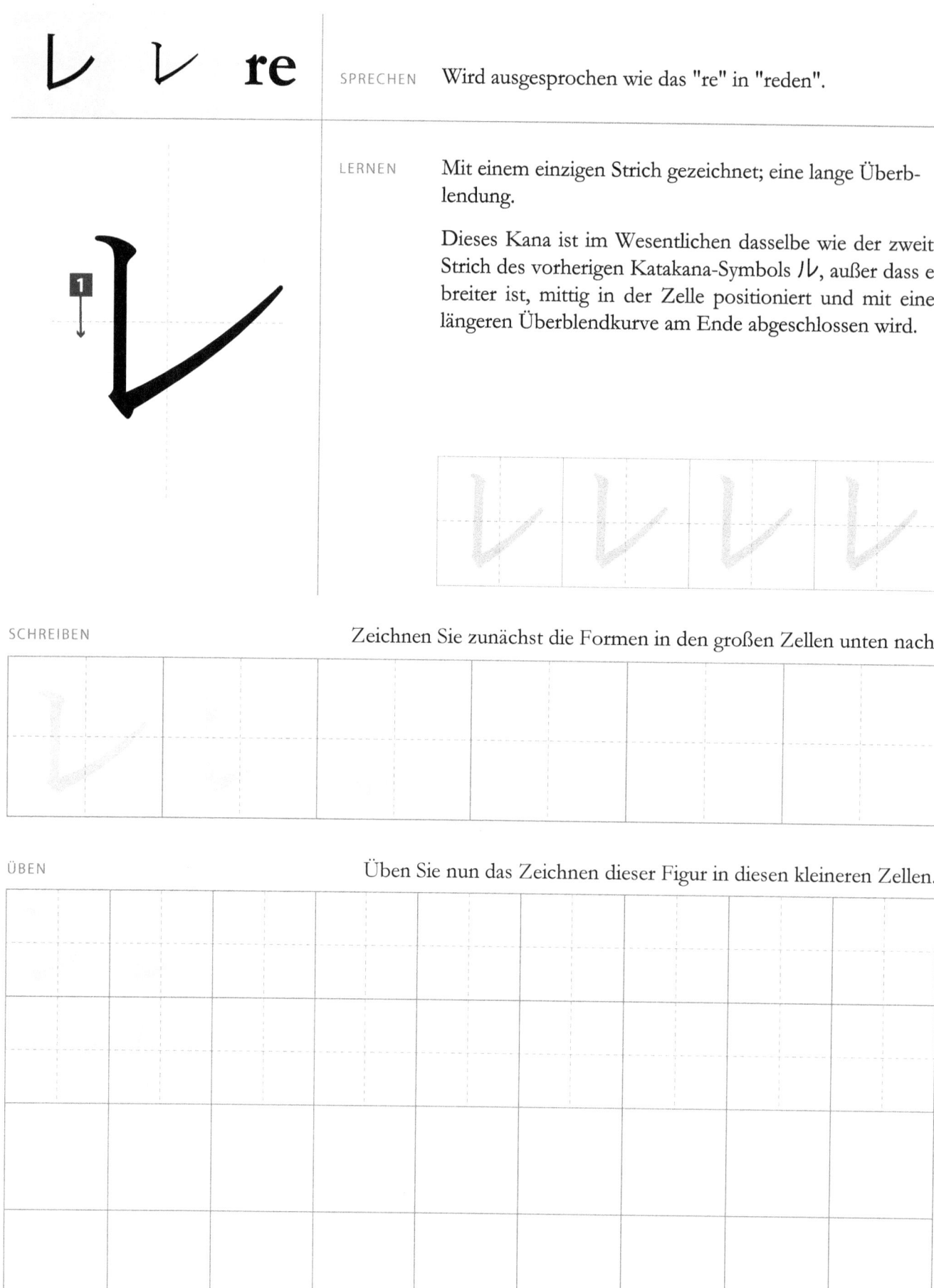

LERNEN   Mit einem einzigen Strich gezeichnet; eine lange Überblendung.

Dieses Kana ist im Wesentlichen dasselbe wie der zweite Strich des vorherigen Katakana-Symbols ﾉﾚ, außer dass es breiter ist, mittig in der Zelle positioniert und mit einer längeren Überblendkurve am Ende abgeschlossen wird.

SCHREIBEN   Zeichnen Sie zunächst die Formen in den großen Zellen unten nach.

ÜBEN   Üben Sie nun das Zeichnen dieser Figur in diesen kleineren Zellen.

□　□　**ro**

Wird ausgesprochen wie das "ro" in "rodeln".

LERNEN　Mit drei Strichen gezeichnet; alle sind Anschläge.

Machen Sie Ihren ersten Strich mit einer geraden vertikalen Linie in der linken Hälfte der Zelle. Der zweite Strich beginnt an der gleichen Stelle wie der erste und wird nach rechts herausgezogen, bevor er in einer geraden Linie nach unten verläuft. Der letzte Strich ist eine weitere gerade horizontale Linie, die am Ende des ersten Strichs beginnt und mit einem Stopp endet, wenn der Stift das Ende des zweiten Strichs erreicht. Die Form des Kastens wird insgesamt in der unteren Mitte positioniert.

SCHREIBEN　　Zeichnen Sie zunächst die Formen in den großen Zellen unten nach.

ÜBEN　　Üben Sie nun das Zeichnen dieser Figur in diesen kleineren Zellen.

109

ワ ワ **wa**

Wie das "Wa" in "Wagon", mit dem "w" von "Wut".

LERNEN

Mit zwei Strichen gezeichnet; stoppen, ausblenden.

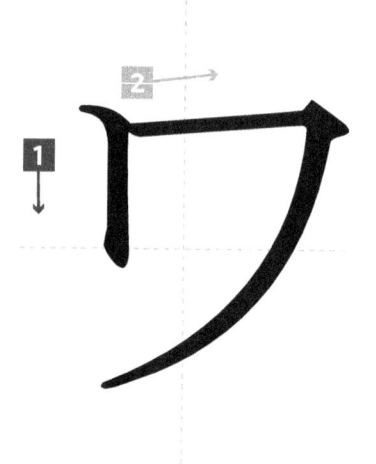

Damit dieses Kana nicht mit dem Katakana ク verwechselt wird, ist es wichtig, dass Ihr erster Strich eine gerade vertikale Linie bildet. Der zweite Strich beginnt an der gleichen Stelle wie der erste Strich und bewegt sich gerade nach rechts, bevor er sich dreht und zu einer gebogenen diagonalen Linie wird. Blenden Sie diesen Strich aus, wenn er sich dem Boden nahe der Mitte nähert.

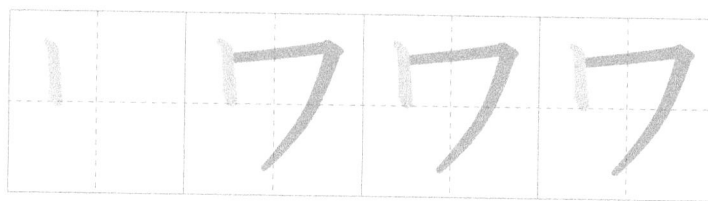

SCHREIBEN   Zeichnen Sie zunächst die Formen in den großen Zellen unten nach.

ÜBEN   Üben Sie nun das Zeichnen dieser Figur in diesen kleineren Zellen.

ヲ　ヲ　**wo**[*]

SPRECHEN　Wie das "Wo" in "Woche", mit einem stummen "w".

LERNEN　Gezeichnet mit drei Strichen; lange Überblendung und zwei Stopps.

Unser vorletztes Kana-Symbol beginnt mit zwei horizontalen Strichen in der oberen Hälfte der Zelle. Es sind parallele Striche und der zweite ist etwas kürzer. Der dritte Strich ist ein langer, geschwungener Bogen, der am Ende des ersten Strichs beginnt. Er sollte auf das Ende des zweiten Strichs treffen und im unteren linken Bereich der Zelle auslaufen.

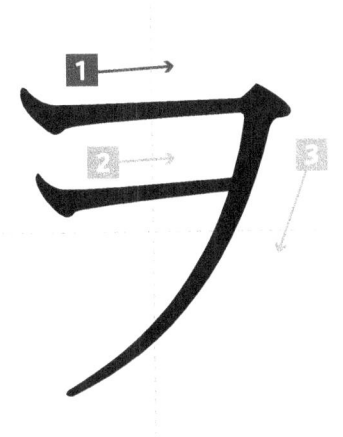

Uncommon kana, used as a particle.

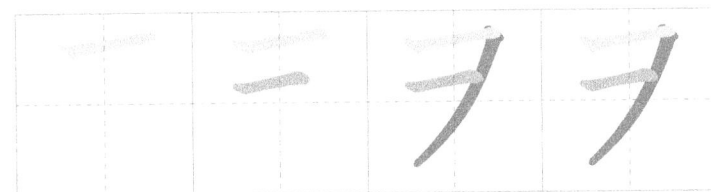

SCHREIBEN　Zeichnen Sie zunächst die Formen in den großen Zellen unten nach.

ÜBEN　Üben Sie nun das Zeichnen dieser Figur in diesen kleineren Zellen.

ン　ン　**n**

SPRECHEN Ausgesprochen wie der "n"-Laut in Wappen.

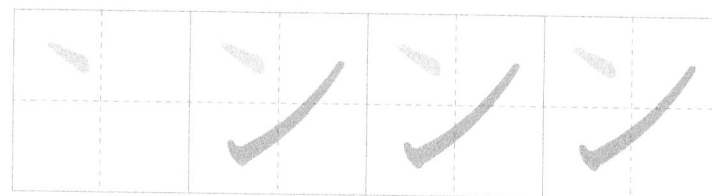

LERNEN　Dieses Kana wird mit zwei Strichen gezeichnet; kurzer Stopp, Überblendung.

Unser letztes Grund-Katakana ン wird leicht mit ソ verwechselt, daher ist es wichtig, dass das Zeichen insgesamt breiter gezeichnet wird. Der erste Strich ist ein relativ kurzer, schräger, fast senkrechter Strich, der mit einem Anschlag endet. Der zweite Strich ist eine flache, geschwungene Linie, die diagonal von links unten nach rechts oben verläuft oberen rechten Seite verläuft und mit einer Überblendung endet.

SCHREIBEN　Zeichnen Sie zunächst die Formen in den großen Zellen unten nach.

ÜBEN　Üben Sie nun das Zeichnen dieser Figur in diesen kleineren Zellen.

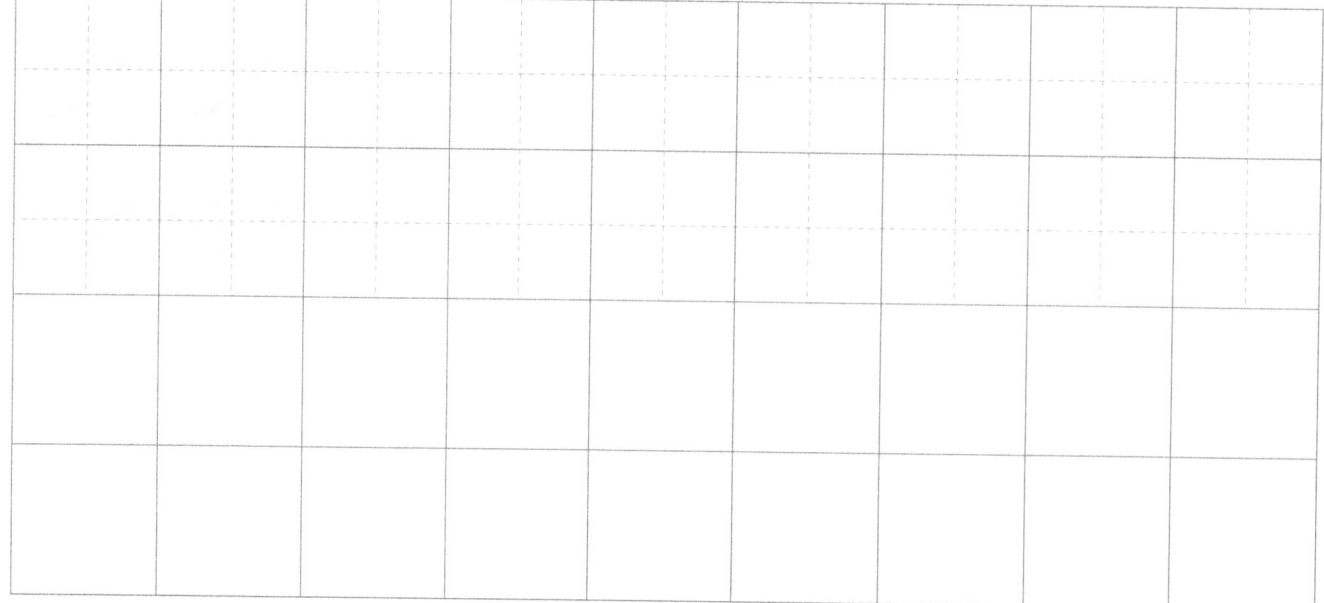

Teil 6

ÜBER KANJI

DIE WISSENSCHAFT DER KANJI

Wenn ihr Japanisch lernt, habt ihr wahrscheinlich schon von Kanji gehört, einer der schwierigsten Aufgaben für Japanischanfänger*innen. Das Beherrschen der Kanji erfordert, wie jeder andere Teil der Sprache auch, viel Einsatz und Zeit, aber dieses Buch wurde speziell dafür entwickelt, euch zu zeigen, wie ihr mit Leichtigkeit mit dem Lernen der Kanji beginnen könnt!

Die japanischen Kanji (漢字) werden als drittes Alphabet der Sprache bezeichnet, aber das ist eine falsche Bezeichnung. Als Deutschsprachige, die Hiragana und Katakana lernen, habt ihr wahrscheinlich die Ähnlichkeiten zwischen dem deutschen Alphabet und diesen japanischen Silbenschriften bemerkt. Beide wurden entwickelt, um die phonetischen Laute von Wörtern in ihren jeweiligen Sprachen zu beschreiben, aber Kanji ist ganz anders. Die Kanji, die vor Tausenden von Jahren aus dem chinesischen Schriftsystem importiert wurden, sind wie ihre chinesischen Verwandten ein logografisches Schriftsystem, d. h. jedes Zeichen steht für eine Bedeutung und nicht für einen bestimmten Laut. Das bedeutet, dass einige Kanji-Zeichen beim Lesen des Japanischen auf bis zu 18 verschiedene Arten gelesen werden können! Lasst euch davon aber nicht abschrecken, denn für die meisten Kanji gibt es nur zwei Aussprachen (auch Lesungen genannt): das kunyomi und das onyomi. Die kunyomi-Lesung wird verwendet, wenn das Zeichen für ein muttersprachliches japanisches Wort verwendet wird, was hilfreich ist, um die vielen ähnlich klingenden japanischen Wörter zu unterscheiden. Die onyomi-Lesung hingegen wird verwendet, wenn das Zeichen in einem Wort zusammen mit anderen Kanji, meist chinesischen Lehnwörtern, verwendet wird.

EINE KURZE GESCHICHTE DER JAPANISCHEN SPRACHE UND DER KANJI

Japanisch ist eine der vielen Sprachen der Welt, die als isolierte Sprachen eingestuft werden. Das bedeutet, dass sie weder eine bekannte Vorgängersprache noch verwandte Sprachen haben, abgesehen von den Ryukyuan-Sprachen, die auf den Inseln südlich des Festlands gesprochen werden. Das heißt, während Englisch und Deutsch „genetisch verwandt" sind, weil sie beide von einer Muttersprache, dem Proto-Germanischen, abstammen und viele Wörter und Grammatiken gemeinsam haben, hat Japanisch keine bekannten Eltern oder Geschwister. Doch bereits im 5. Jahrhundert begann Japan, chinesische Schriftzeichen über die koreanische Halbinsel zu importieren und das chinesische Schriftsystem für Texte und Dokumente im eigenen Land zu verwenden. Diese Schrift, Kanbun genannt, wurde komplett mit chinesischen Zeichen, Grammatik und Syntax geschrieben, aber mit einer Mischung aus chinesischen und japanischen Lauten ausgesprochen. Klingt verwirrend? War es auch!

Kanbun wird von einigen Gelehrt*innen als eine völlig andere Kreolsprache eingestuft, da sie für den durchschnittlichen chinesischen oder japanischen Bürger*innen zu dieser Zeit unverständlich wäre. Trotzdem oder gerade deshalb wurde sie bei der Elite und den adligen Schichten sehr beliebt, und die meisten intellektuellen und offiziellen Werke vom 9. bis zum 20. Jahrhundert wurden in diesem Stil geschrieben. Die Silbenschriften Hiragana und Katakana wurden erst später entwickelt, und zwar von Frauen an den adligen Höfen, die von der strengen Ausbildung ausgeschlossen waren, die für das Schreiben in dieser chinesisch-japanischen Mischform erforderlich war. Sie benutzten eine kleine Anzahl chinesischer Schriftzeichen allein wegen ihres Klangs, um das Japanische darzustellen, und die kursive Schreibweise dieser Zeichen wurde mit der Zeit zu dem Hiragana vereinfacht, das wir heute kennen. Während viele Angehörige der elitären Schichten die Kanbun-Schrift bevorzugten, wurde das leicht zu erlernende Hiragana auch bei den Nicht-Eliten und anderen, die sonst nicht schreiben könnten, immer beliebter. Im Laufe der Zeit verschmolzen die Silbenschriften und die Verwendung von Kanji zu der japanischen Schrift, die wir heute kennen und die sowohl in der Alltagsschrift als auch in offiziellen Texten eine Mischung aus allen drei Schriften darstellt.

ES GIBT WIE VIELE KANJI?!?!?

Nachdem diese Schriftzeichen jahrhundertelang nach Japan importiert wurden, gibt es inzwischen jede Menge Kanji, nach manchen Schätzungen über 50.000! Die meisten davon sind jedoch nicht standardisiert oder werden nicht mehr verwendet und sind außerhalb von Texten, die in klassischem Japanisch geschrieben sind, nicht zu finden. Der strengste Kanji-Eignungstest in Japan für Historiker*innen und Übersetzer*innen prüft sogar nur etwa 6.000 Zeichen, wobei die jōyō-Kanji (wörtlich: alltägliche chinesische Schriftzeichen) die 2.136 Standardzeichen sind, die man braucht, um die Sprache fließend zu beherrschen. Diese jōyō-Kanji sind auch das, was japanischen Kindern von der ersten Klasse bis zum Ende der Oberschule beigebracht wird, es gibt also reichlich Unterrichtsmaterial für diese Kanji.

WO ANFANGEN

Aber wie fangen diese jungen Schüler*innen an, all diese Zeichen zu lernen? Auf die gleiche Art und Weise, wie ihr es tun werdet: durch Wiederholung, Übung und die Begegnung mit Kanji in realen Situationen. Viele der ersten Zeichen, die ihr lernt, sind piktografisch, das heißt, sie stellen die Bedeutung, die mit ihnen verbunden ist, visuell dar. Das Zeichen für Baum, 木 (ki), ähnelt zum Beispiel einem Baum mit einem zentralen Stamm und mehreren Ästen. Das Zeichen für Fluss, 川 (kawa), sieht aus wie ein herabfließender Wasserstrom. Diese piktografischen Kanji machen nur einen kleinen Teil der insgesamt im modernen Japanisch verwendeten Zeichen aus, sind aber eine gute Möglichkeit für Schüler*innen, die neu in logografischen Sprachen sind, sich mit ihnen vertraut zu machen. Das ist auch deshalb von Vorteil, weil viele der ersten piktografischen Kanji zu neuen Kanji zusammengesetzt werden, sodass ihr auf viele neue Zeichen stoßen werdet und bereits einen Hinweis auf die Bedeutung oder den Klang des Zeichens habt.

Wenn die Schriftzeichen komplexer werden, verwenden viele Lernende Mnemotechniken, um sich die Bedeutung der fortgeschrittenen Kanji zu merken, die meist aus 2 oder mehr Teilen, den sogenannten Radikalen, bestehen. Eine bekannte Eselsbrücke für das Zeichen 町 (Stadt, machi) ist zum Beispiel, sich zu merken, dass es ein Reisfeld (田) neben einer Straße (丁) ist, zwei Dinge, die in 100 % aller japanischen Kleinstädte zu finden sind.

Da die meisten Menschen die Kanji in einer ähnlichen Reihenfolge lernen wie japanische Grundschüler*innen, kann das Lesen von Kinderbüchern eine sehr gute Möglichkeit sein, um zu üben, sobald ihr eine solide Grundlage an Zeichen habt. Sobald diese einfacher werden, könnt ihr euch an ein anspruchsvolleres Buch oder an eine andere beliebte Option wagen: Manga. Wie ihr wahrscheinlich schon wisst, sind Manga japanische Comics, die in den letzten Jahren auf der ganzen Welt sehr beliebt geworden sind. Manga sind eine großartige Option für Menschen, die versuchen, mit dem Lesen auf Japanisch anzufangen, denn die Illustrationen helfen sehr beim Verständnis des Textes. Wenn ihr die Schriftzeichen bereits lesen könnt, dann dienen die Zeichnungen als gute Visualisierung der Wörter, damit ihr sie euch besser merken könnt. Wenn ihr hingegen nicht alle Wörter versteht, ist es viel wahrscheinlicher, dass ihr die Bedeutung des Wortes oder Zeichens selbst herausfinden könnt, wenn ihr die Wörter, die ihr versteht, zusammen mit dem Kontext der Illustrationen lest.

LERNEN, KANJI ZU SCHREIBEN (ODER AUCH NICHT)

Nachdem ihr so weit gelesen habt, denkt ihr vielleicht: „Nun, wenn ich hauptsächlich Japanisch sprechen und hören will, muss ich nur Hiragana und Katakana lernen. Ich kann alles in der Sprache mit diesen Schriftzeichen schreiben und muss daher gar nicht lernen, wie man Kanji schreibt."

Und bis zu einem gewissen Grad ist das auch wahr. Ihr könntet theoretisch fließend Japanisch sprechen, ohne ein einziges Kanji zu lernen, und den nächsten großen japanischen Roman komplett in Hiragana schreiben. Jeder, der ihn liest, würde es sehr schwer haben, zwischen den Wörtern zu unterscheiden (in der japanischen Schrift gibt es keine Leerzeichen) und müsste wahrscheinlich die meisten Wörter einzeln aussprechen, um sie zu verstehen, weil er so sehr an das Lesen mit Kanji gewöhnt ist. Aber es ist möglich. Aber wenn ihr in Japan jemals Schilder und Wegbeschreibungen verstehen wollt, wenn ihr jemals etwas schreiben wollt, das leicht zu lesen und zu verstehen ist, wenn ihr jemals einen einzigen Satz in dieser Sprache lesen wollt, müsst ihr lernen.

LESEN (UM KANJI ZU LERNEN)

Von einigen Puristen des Japanischlernens werdet ihr vielleicht hören, dass es – ähnlich wie bei der Immersionsmethode zum Erlernen der gesprochenen Komponente einer Sprache – besser ist, eure Zeit mit schriftlichen Inhalten wie einer Zeitung zu verbringen und einfach jedes Wort nachzuschlagen, bis ihr es versteht. Das ist zwar theoretisch möglich, sobald ihr die Grammatik und die beiden Silbenbücher verstanden habt, aber in den meisten Fällen wird euch das nur frustrieren und eure Finger verkrampfen, weil ihr so viele Kanji von Hand nachschlagen müsst. Wie ich oben schon sagte, ist einfaches Lesen der beste Weg, Japanisch zu lernen, aber erst, wenn ihr die Sprache so gut beherrscht, dass ihr nur noch ein paar Wörter pro Zeile nachschlagen müsst. Es wird Japanischlernende geben, die Ausnahmen sind und bereit und engagiert genug sind, Tag für Tag immer wieder zu versuchen, Zeitungen zu lesen, und ich bin sicher, dass sie mit genügend Zeit großartige Ergebnisse erzielen werden, aber für die meisten empfehle ich, auch nur ein paar Monate zu warten, bevor sie sich in den täglichen schriftlichen Inhalt für Erwachsene stürzen.

IN WELCHER REIHENFOLGE DU KANJI LERNST

In den meisten Kanji-Kursen, -Apps und -Lernbüchern werden euch die Zeichen in einer von 4 Hauptreihenfolgen präsentiert, die sich weitgehend überschneiden. Die Zeichen in diesen Büchern sind oft so angeordnet, wie die Kanji in den japanischen Grundschulen gelehrt werden: von Wörtern, die die Grundbausteine der Bedeutung und der Konversation bilden (Menschen, Klang, Hand, Haus, Kind, essen, trinken, leben usw.) bis hin zu abstrakteren und ungewöhnlicheren Wörtern, wenn die Kinder älter werden. Einige Arbeitsbücher verfolgen einen eher statistischen Ansatz und lehren die Zeichen in der Reihenfolge der häufigsten Kanji bis hin zu den selteneren Zeichen. Ähnlich verhält es sich mit der Reihenfolge der einfachsten Kanji (一, ichi, d. h. 1) bis hin zu einigen der kompliziertesten und dichtesten Zeichen, mit über 20 Strichzahlen (im Grunde die Anzahl der Striche, die der Stift beim Schreiben des Zeichens macht).

Und natürlich basieren viele Lernmaterialien wie dieses Buch auf dem Japanese Language Proficiency Test (JLPT), dem weltweit standardisierten Test, der die Fähigkeiten von Nicht-Muttersprachlern in dieser Sprache misst. Die JLPT-Organisation gibt zwar keine offiziellen Listen heraus, welche Schriftzeichen in den Tests vorkommen und welche nicht, aber nach vielen Jahren der Prüfung haben Ausbilder eine genaue Richtlinie dafür erarbeitet, welche Schriftzeichen wahrscheinlich in jeder Stufe des JLPT vorkommen, von N5 (Grundkenntnisse) bis N1 (muttersprachliche oder muttersprachnahe Kenntnisse). Auch wenn sich alle diese Ordnungsmethoden leicht voneinander unterscheiden, sind sie, wie bereits erwähnt, größtenteils von den grundlegendsten Kanji (in Bezug auf Bedeutung und Strichzahl) bis hin zu den fortgeschritteneren geordnet.

WAS SIND RADIKALE?

Radikale sind die Bezeichnung für die unteilbaren Bausteine der Kanji, also die kleinen Gruppen von Strichen, die unterschiedlich zusammengesetzt werden, um jedes Zeichen zu bilden. Das Zeichen 魅 zum Beispiel, das „Bergdämonen" bedeutet, sieht auf den ersten Blick viel zu kompliziert aus, um es selbst zu schreiben, und erfordert insgesamt 20 Striche – selbst für Muttersprachler*innen ein entmutigend dichtes Kanji. Wenn ihr es jedoch als eine Anordnung von standardisierten Radikalen, einer Sammlung einfacher kleinerer Komponenten (田, 儿, 厶, 亠, 凵 und 内), betrachtet, wird es viel einfacher zu begreifen. Mit einigen dieser Komponenten können wir das Kanji 充 („genug") bilden, ein Zeichen mit denselben Bestandteilen, aber einer ganz anderen Bedeutung.

KANJI DURCH RADIKALE LERNEN

Als fortgeschrittenere Methode des Kanji-Lernens und Auswendiglernens lehren einige Arbeitsbücher Kanji sortiert nach ihren Bedeutungskomponenten, einer speziellen Klasse von Radikalen. Die Bedeutungskomponenten sind die Bestandteile des Kanji, die sich (normalerweise) auf der linken Seite des Zeichens befinden und einen Hinweis auf die Bedeutung des Kanji geben. Wenn ihr mehr Kanji lernt, werdet ihr vielleicht ein Muster erkennen, zum Beispiel, dass die Zeichen für 汁 , 沖, 沈 und 渚 alle diese drei kleinen Punkte auf der linken Seite gemeinsam haben. Das liegt daran, dass diese drei Punkte herabtropfende Wassertropfen darstellen sollen, und jedes dieser Zeichen (Brühe, offenes Meer, untergehen bzw. Ufer) hat etwas mit Wasser oder Flüssigkeit in einem abstrakteren Sinne zu tun. Diese Radikale, von denen es traditionell 214 gibt, dienen dazu, die Zeichen in einem Kanji-Wörterbuch zu sortieren, und können sehr hilfreich sein, um die Bedeutung eines Zeichens herauszufinden, vor allem, wenn ihr bereits das andere Zeichen eines Wortes kennt, in dem es vorkommt.

Einige andere gebräuchliche Radikale, die als Bedeutungskomponenten verwendet werden, werden euch auf eurer Japanischreise schnell begegnen: 月 („Mond"), 火 („Feuer"), 木 („Holz"), 金 („Metall") und 土 („Erde"), die alle auch Namen für die Wochentage sind. Einige wenige Radikale, wie 月 (tsuki, Mond), bedeuten etwas ganz anderes, wenn sie als Radikal in einem Kanji verwendet werden. Im Fall von 月 liegt das daran, dass es eine vereinfachte Version von 肉 (niku, Fleisch) ist, wenn es als Radikal verwendet wird, und dass die Bedeutung etwas mit Fleisch zu tun hat. Wenn ihr erst einmal diese wenigen Eigenheiten gelernt und etwa 50 Bedeutungsradikale herausgefunden habt, was schneller der Fall sein wird, als ihr denkt, habt ihr einen kostenlosen Anhaltspunkt für einen großen Teil der neuen Kanji, denen ihr begegnet – einfach so!

LAUTKOMPONENTEN

Während sich die Bedeutungskomponente normalerweise auf der linken Seite eines Kanji befindet, steht auf der rechten Seite die sogenannte Lautkomponente. Die meisten Kanji haben ein Radikal, das auf die Bedeutung hinweist, und eine Lautkomponente, die auf den Laut hinweist und das Zeichen von anderen mit der gleichen Bedeutungskomponente unterscheidet. Beachtet, dass die Lautkomponente nur einen Hinweis auf die chinesische Lesung, das onyomi, gibt und nicht auf die japanische Lesung des Zeichens (auch bekannt als kunyomi), falls es eine solche gibt.

Eine häufige Lautkomponente, die man sich merken sollte, leitet sich zum Beispiel vom Zeichen 方 ab (was „Richtung/Seite" bedeutet, wobei onyomi hou lautet). Dieses Zeichen weist auf den Klang für jedes dieser Zeichen hin: 肪 (bou), 枋 (hou), 彷 (hou), 訪 (hou), 防 (bou), und viele mehr. Wie ihr an den Buchstaben seht, die als bou gelesen werden, ist dies kein perfektes System, aber wenn das onyomi nicht mit dem Zeichen übereinstimmt, von dem die Lautkomponente abgeleitet ist, hat es meistens zumindest den Konsonanten oder den Vokal gemeinsam.

LAUTÄNDERUNGEN IN DER REISE VOM CHINESISCHEN ZUM JAPANISCHEN

Wie bereits erwähnt, sind Chinesisch und Japanisch keine genetisch verwandten Sprachen (d. h., sie stammen nicht von einer gemeinsamen Vorgängersprache ab). Ähnlich wie beim Englischen und Französischen lassen die Tausende von Jahren des kulturellen Austauschs zwischen den beiden Zivilisationen jedoch viele Wörter im Chinesischen und Japanischen recht ähnlich klingen, vor allem Wörter, die komplexere Konzepte und Prozesse beschreiben.

Im modernen Mandarin-Chinesisch wird das Wort für Berg zum Beispiel shān ausgesprochen und 山 geschrieben. Ähnlich wird 山 im Japanischen als „yama" in der japanischen Aussprache gelesen, aber als „san", ganz ähnlich wie im Chinesischen, wenn es an das Ende eines Bergnamens angehängt wird, so wie „Mt." Teil englischer Bergnamen ist. Wenn wir also „Mount Helens" auf Japanisch schreiben wollten, würde es „ヘレナ山" heißen, gelesen als „herena-san". Änderungen wie diese sind im Japanischen sehr verbreitet, und jeder, der auch nur flüchtige Kenntnisse des Chinesischen hat, wird mit einem großen Vorsprung ins Japanischstudium gehen und andersherum.

KANJI-LESUNGEN: KUN'YOMI UND ON'YOMI

Wie bereits erwähnt, hat jedes japanische Kanji-Zeichen mindestens eine Lesung, aber die meisten haben zwei oder mehr Arten, wie sie ausgesprochen werden: eine sogenannte kun'yomi-Lesung und eine sogenannte on'yomi-Lesung. Die kun'yomi-Lesung wird verwendet, wenn man japanische Wörter mit chinesischen Schriftzeichen schreibt und dabei die japanische Aussprache verwendet. Die on'yomi-Lesung hingegen ist die ursprüngliche chinesische Aussprache des Zeichens, die an die japanischen Phoneme (alle Laute, aus denen die Sprache besteht) angepasst wurde. Aus diesem Grund wird das on'yomi meistens verwendet, wenn das Kanji direkt neben einem anderen Kanji im selben Wort steht, da das ganze Wort wahrscheinlich ursprünglich aus einem chinesischen Wort entlehnt wurde.

So kann man sich vorstellen, dass ein Kanji (in der Regel) nur eine Lesung hat, das on'yomi, was so viel wie „Klang-Lesung" bedeutet, während das kun'yomi, was so viel wie „Begriffs-Lesung" bedeutet, ein muttersprachliches japanisches Wort als eine Art visuelle Abkürzung darstellen soll.

Wie ihr euch wahrscheinlich vorstellen könnt, ist es für Japanischlernende am schwierigsten zu verstehen, welche dieser Lesarten beim lauten Lesen verwendet werden soll, und es braucht einfach Zeit, sich die Lesart für jeden Satz oder Kontext, in dem ein Zeichen vorkommt, zu merken. Es gibt jedoch einige allgemeine Regeln, wann man das eine oder das andere verwenden sollte. Wie bereits erwähnt, werden zwei Kanji, die zusammen in einem Wort vorkommen, mit großer Wahrscheinlichkeit mit ihrem on'yomi gelesen. Wenn das Kanji allein oder neben einem Hiragana steht, wird es wahrscheinlich mit seinem kun'yomi gelesen. Wenn das Kanji neben anderen chinesischen Schriftzeichen steht, wird es in der chinesischen Lesung gelesen, aber wenn es neben japanischen Schriftzeichen (z. B. Hiragana) steht, wird es in der japanischen Aussprache gelesen. Außerdem wird bei japanischen Namen für Personen und Orte fast immer das kun'yomi verwendet. Natürlich gibt es, wie bei jeder Regel in der Sprache, viele Ausnahmen, die man sich leider nur durch Ausprobieren einprägen kann. Manche Wörter verwenden sogar dasselbe Zeichen, haben aber unterschiedliche Bedeutungen, je nachdem, ob ihr das on'yomi oder das kun'yomi verwendet! Aber mit der Zeit wird alles einen Sinn ergeben und die Grundregeln, die ich aufgestellt habe, werden euch triumphierend durch einen großen Teil der Wörter tragen, denen ihr begegnet.

STRICHFOLGE

Beim Schreiben von Kanji gibt es für jedes Zeichen eine bestimmte Art, es auszuschreiben, die „richtig" ist. Diese wird als Strichfolge bezeichnet. Aber keine Sorge, es gibt ein paar einfache Regeln, die ihr befolgen könnt und die euch bei allen Kanji, die ihr im Alltag und darüber hinaus verwendet, helfen, euch an Kanji zu erinnern, die ihr sonst vergessen würdet. Erinnert ihr euch an die Radikale von vorhin? Diese kleinen Komponenten sind besonders wichtig, um die Strichfolge zu verstehen, ohne sich zu sehr zu verrenken. Einfach gesagt, wird jedes Radikal in einer bestimmten Reihenfolge geschrieben, und zwar (fast) immer von links nach rechts und von oben nach unten. Genauso werden die Kanji Radikal für Radikal geschrieben, von links nach rechts und von oben nach unten. Wenn ihr euch an unsere Diskussion über die Bedeutungs- und Lautkomponenten erinnert, bedeutet das, dass ihr die Bedeutungskomponente zuerst schreibt, da sie sich auf der linken Seite befindet, und dann die Lautkomponente, da sie normalerweise auf der rechten Seite steht. Wie schon gesagt, gibt es auch hier Ausnahmen, wie zum Beispiel die Bedeutungskomponente 辶 („Straße" oder „vorwärts"), die normalerweise als letztes Radikal in einem Kanji geschrieben wird.

So wie euch das Erinnern an die Radikale beim Lesen und Verstehen von Kanji hilft, hilft euch das Erinnern an die Strichfolge beim Schreiben von Kanji, denn so seht ihr kein Durcheinander von Strichen und Bindestrichen, sondern ein kohärentes Symbol mit einer standardisierten, regelmäßigen Art und Weise, es zu schreiben, sodass eures mit dem von allen anderen übereinstimmt. Die richtige Strichfolge ist auch ein wichtiger Bestandteil einer guten Handschrift, denn es ist sehr schwer, die richtige Balance und Größe der einzelnen Striche zu halten, wenn ihr sie wahllos in beliebiger Reihenfolge schreibt. Und im modernen Zeitalter ist die Strichfolge sehr wichtig, wenn ihr ein Zeichen auf einem Touchscreen zeichnet, um zum Beispiel die Lesung eines Kanji in einem Buch nachzuschlagen. Weil, wie bereits erwähnt, die Bedeutungskomponente oft zuerst geschrieben wird, berücksichtigen Computer die Strichfolge, um das Zeichen zu erkennen, das ihr auf den Bildschirm zeichnet. Wenn ihr mit falscher Strichfolge schreibt, ist es viel unwahrscheinlicher, dass der Prozessor das richtige Zeichen erkennt, das ihr sucht. Das ist also etwas, worauf ihr besonders achten solltet, wenn ihr auf einem Smartphone lernt.

Das ist also alles. Eine umfassende Geschichte und Anleitung zum Erlernen dieses anspruchsvollen, aber schönen Teils der japanischen Sprache. Wenn ihr bis hierher gelesen habt, kennt ihr bereits die vielen ineinander greifenden Teile, aus denen sich Form, Klang und Bedeutung der einzelnen Zeichen zusammensetzen, und jetzt stellt sich nur noch eine Frage: „Wie schreibe ich sie denn nun selbst?"

Natürlich ist die Kunst der japanischen Kalligrafie für manche eine lebenslange Reise zur Meisterschaft, und genau wie die Meisterkalligrafen werdet auch ihr nicht über Nacht eine perfekte Handschrift erlangen. Aber diese grundlegenden Richtlinien und Prinzipien werden euch auf dem Weg zu perfekt ausgewogenen und schönen Schriftzeichen helfen!

Wie bei vielen Schriftsystemen sind viele Kanji einander sehr ähnlich, und ihre Bedeutung kann sich aufgrund kleiner Unterschiede völlig verändern. Ist euch zum Beispiel schon mal aufgefallen, wie ähnlich ein kleines „f" und ein kleines „t" aussehen? Wie im Deutschen werden diese Unterschiede nicht in der absoluten Größe, sondern in der relativen Länge der Striche zu anderen innerhalb des Zeichens erkannt. Zwei Kanji zum Beispiel, denen ihr schon recht früh in eurem Studium begegnen werdet, 土 (DO, „Boden") und 士 (SHI, „Krieger"), unterscheiden sich nur dadurch, welcher der beiden Striche länger ist, wie ihr sehen könnt. Das ist auch bei 未 (MI, „noch nicht") und 末 (MATSU, „Ende") der Fall, zwei weiteren üblichen Zeichen. Zum Glück sind die Begriffe, die diese Kanji darstellen, so unterschiedlich, dass ihr nur selten jemanden verwirren werdet, wenn ihr aus Versehen das falsche schreibt, aber wenn ihr euch die Länge der einzelnen Striche im Verhältnis zu den anderen, in jedem Zeichen, dem ihr begegnet, merkt, könnt ihr schnell anfangen, ausgewogenere und präzisere Kanji zu schreiben.

Ebenso ist es für eine saubere und leserliche Handschrift wichtig, bei einigen Zeichen Freiraum zu lassen, anstatt alles zusammenzupacken. Zum Beispiel würde 八, das Zeichen für 8, ohne den entscheidenden Freiraum in der Mitte, wo die Striche auseinander liegen, schnell dem 入 (hai-ru, „eintreten") ähneln.

Bei diesen letzten Tipps geht es weniger darum, aus Versehen das falsche Zeichen zu schreiben, sondern vielmehr darum, die Zeichen so zu schreiben, wie sie traditionell geschrieben werden, damit eure Handschrift nicht unnatürlich aussieht. Achtet beim Schreiben immer darauf, welche Striche aufeinander treffen und wie sie sich überschneiden. Wenn sich zwei Striche berühren, überschneiden sie sich entweder und ein Strich ragt aus dem anderen heraus, oder sie bilden ein T, aus dem nichts herausragt.

Bei dem Zeichen 止 (to-meru, „anhalten") zum Beispiel laufen alle Striche gegeneinander, aber keiner geht über die Linie hinaus, die sie berühren. Vergleicht dies mit dem Zeichen 生 (SEI, „Leben"), das viele sich überschneidende Striche hat. Bei den Strichen, die sich nicht überschneiden, gibt es drei Möglichkeiten, den Strich zu beenden, wenn er zu Ende ist. Es gibt den Vollstopp, bei dem euer Stift oder Pinsel am Ende des Strichs zum Stillstand kommt. Wenn wir auf 止 zurückblicken, können wir sehen, dass jeder einzelne Strich mit Vollstopp endet. Im Gegensatz dazu gibt es den anhaltenden Pinselstrich, der im Grunde immer schwächer wird, da ihr weniger Druck über die gesamte Länge des Strichs ausübt. Zeichen mit schräg nach unten verlaufenden Linien wie 大, 人, 木, 本 usw. verwenden alle diesen anhaltenden Strich. Die letzte der üblichen Arten, wie Striche enden, ist eine Kurve oder ein Haken. Haken sind mehr oder weniger selbsterklärend: Wenn ein Strich endet, macht er manchmal einen Haken nach unten oder oben, fast im rechten Winkel zur ursprünglichen Linie. Dieser Haken ist in Kanji mit dem „Hellebarden"-Radikal wie 戈, 式 oder 代 sehr akzentuiert, wie du sehen kannst, aber er ist auch auf der rechten Seite des „Hutes" in 学 (GAKU, „Lernen") vorhanden.

Gekrümmte Linien sind meist paarweise am unteren Ende von Zeichen zu sehen, wobei eine in jede Richtung geht. Einige Beispiele sind 兵, 穴 und 典. In der Handschrift ist die linke Kurve oft kürzer und gerader, während die rechte Kurve weniger kantig ist und länger braucht, um auf der Seite zu verschwinden. Eine häufige Variante dieses Musters mit zwei Kurven am unteren Ende hat einen Haken am Ende, wie zum Beispiel in 見 oder

Jetzt könnt ihr das Studium der Kanji mit einem großen Vorsprung in Bezug auf die Regeln und Traditionen des Schriftsystems angehen. Die Kenntnis von Radikalen und Mnemotechniken hilft euch beim Einprägen, Lautkomponenten geben euch manchmal eine Abkürzung, wenn ihr wisst, wie die Lautkomponente ausgesprochen wird, und euer Wissen über die Strichfolge und die Schreibrichtlinien lassen euch vom ersten Tag an schöne Zeichen lernen und schreiben. Viel Glück und 頑張りましょう (versuche dein Bestes)!

Teil 7

KANJI N5
& STROKE-ORDER-
PRAXIS

0012 日 4 **Tag, Sonne, Japan, Zählwort für Tage** **65E5**

日

ONYOMI

ニチ、ジツ

nichi, jitsu

KUNYOMI

ひ、-び、-か

bi, -bi, -ka

VOKABELN

毎日(まいにち)　jeden Tag
今日 (きょう)　heute
昨日(きのう)　gestern

明日(あした)　morgen
休日 （きゅうじつ）　Feiertag
日曜日(にちようび)　Sonntag

STRICHFOLGE — Wie dieses Kanji gezeichnet wird

ÜBUNG — Zeichnet und übt dieses Kanji unten

STILE 日 日 日 日 日 日 日 日

KANJI #	RADIKAL	STRICHE
0001	一	1

BEDEUTUNG

eins

UNICODE

4E00

ONYOMI

イチ

ichi

KUNYOMI

ひと(つ)

hito(tsu)

VOKABELN

一〇〇 (ひゃく)   einhundert
一人(ひとり)   eine Person
一緒に(いっしょ)   zusammen (mit)

一番 (いちばん)   erster Platz
一度(いちど)   ein Mal

STRICHFOLGE   Wie dieses Kanji gezeichnet wird

ÜBUNG   Zeichnet und übt dieses Kanji unten

STILE

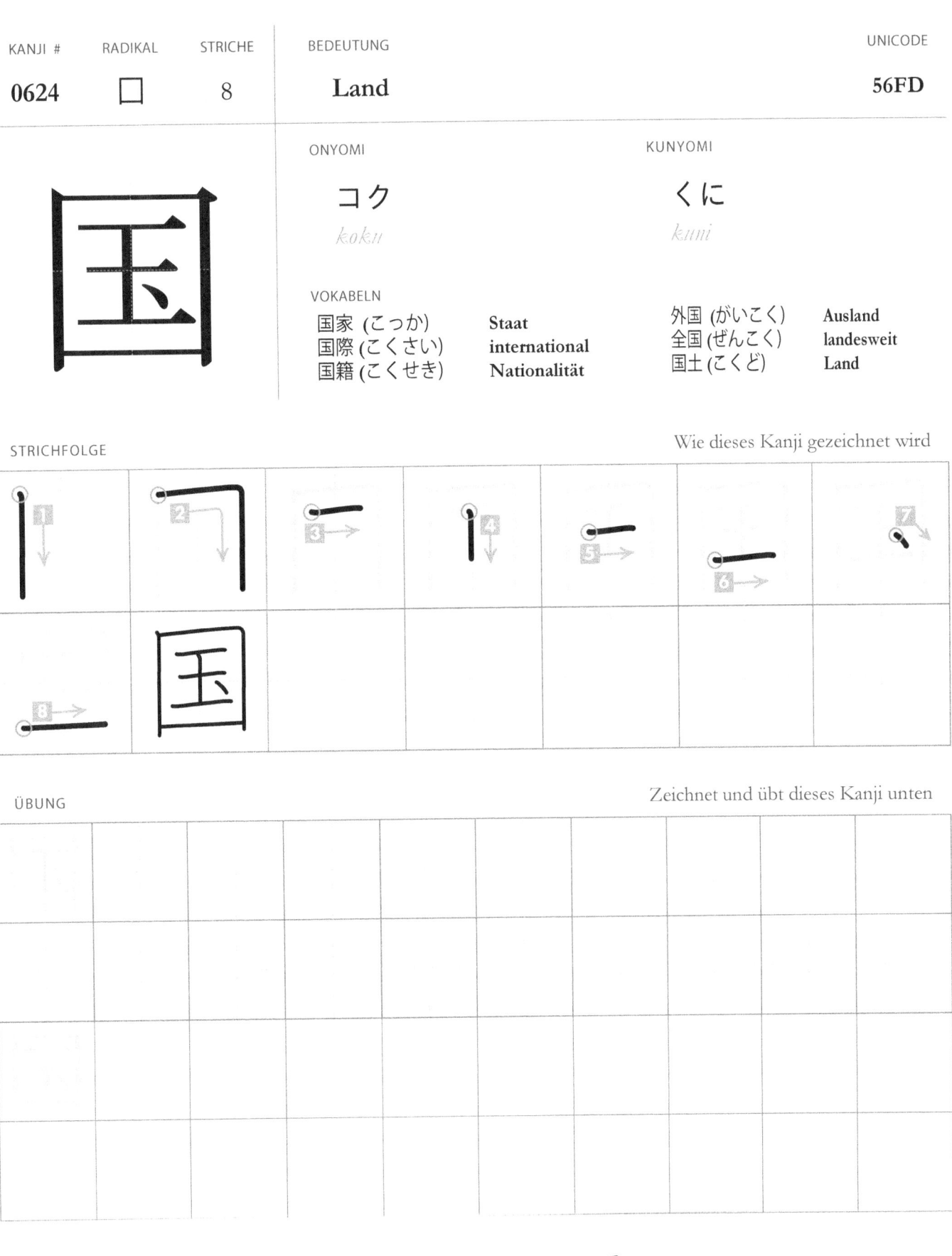

ONYOMI

コク
koku

KUNYOMI

くに
kuni

VOKABELN

国家 (こっか) Staat
国際 (こくさい) international
国籍 (こくせき) Nationalität

外国 (がいこく) Ausland
全国 (ぜんこく) landesweit
国土 (こくど) Land

STRICHFOLGE

Wie dieses Kanji gezeichnet wird

ÜBUNG

Zeichnet und übt dieses Kanji unten

STILE 国 国 国 国 国 国 国 国

KANJI #	RADIKAL	STRICHE	BEDEUTUNG		UNICODE
0012	人	2	**person**		**4EBA**

人

ONYOMI

ジン、ニン
jin, nin

KUNYOMI

ひと
hito

VOKABELN

人生 (じんせい)　　Leben
人口 (じんこう)　　Bevölkerung
人類 (じんるい)　　Menschheit

二人 (ふたり)　　**zwei Personen**
犯人 (はんにん)　　**Täter*in**
友人 (ゆうじん)　　**Freund*in**

STRICHFOLGE

Wie dieses Kanji gezeichnet wird

ÜBUNG

Zeichnet und übt dieses Kanji unten

STILE

KANJI #	RADIKAL	STRICHE	BEDEUTUNG	UNICODE
1114	干	6	**Jahr, Zählwort für Jahre**	5E74

年

ONYOMI

ネン
nen

KUNYOMI

とし
toshi

VOKABELN

年齢 (ねんれい)	Alter; Jahre	毎年 (まいとし)	jedes Jahr
年月 (としつき)	Monat und Jahre	今年 (ことし)	dieses Jahr
年金 (ねんきん)	Rente; Pension	来年 (らいねん)	nächstes Jahr

STRICHFOLGE

Wie dieses Kanji gezeichnet wird

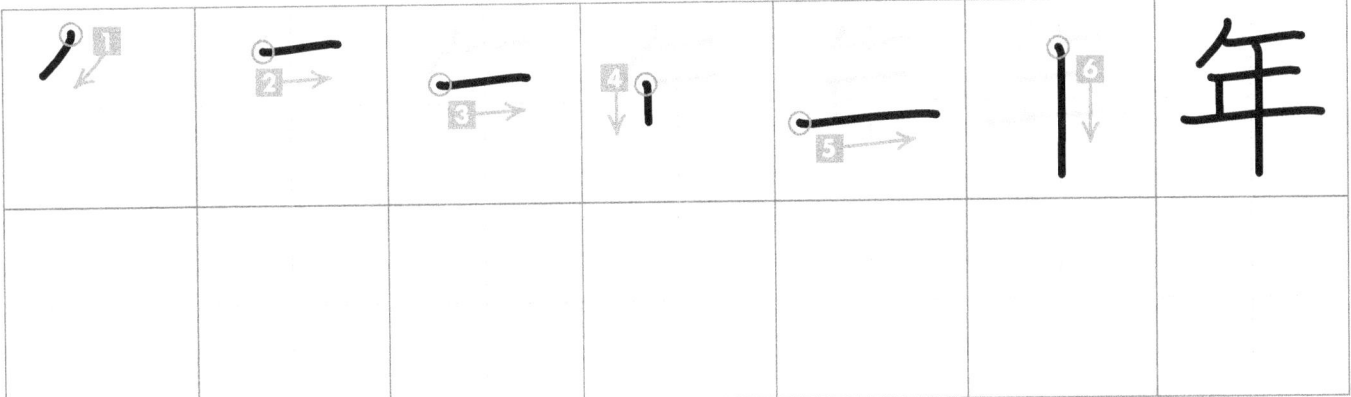

ÜBUNG

Zeichnet und übt dieses Kanji unten

STILE　年　年　年　年　年　年　年　年

KANJI #	RADIKAL	STRICHE	BEDEUTUNG	UNICODE
0112	大	3	**groß**	5927

ONYOMI

ダイ、タイ
dai, tai

KUNYOMI

おお(きい)
oo(kii)

VOKABELN

大人 (おとな)	Erwachsener	肥大 (ひだい)	anschwellen; vergrößern
大きい (おお)	groß	特大 (とくだい)	extra groß
大会 (たいかい)	Veranstaltung	絶大 (ぜつだい)	äußerst groß

STRICHFOLGE

Wie dieses Kanji gezeichnet wird

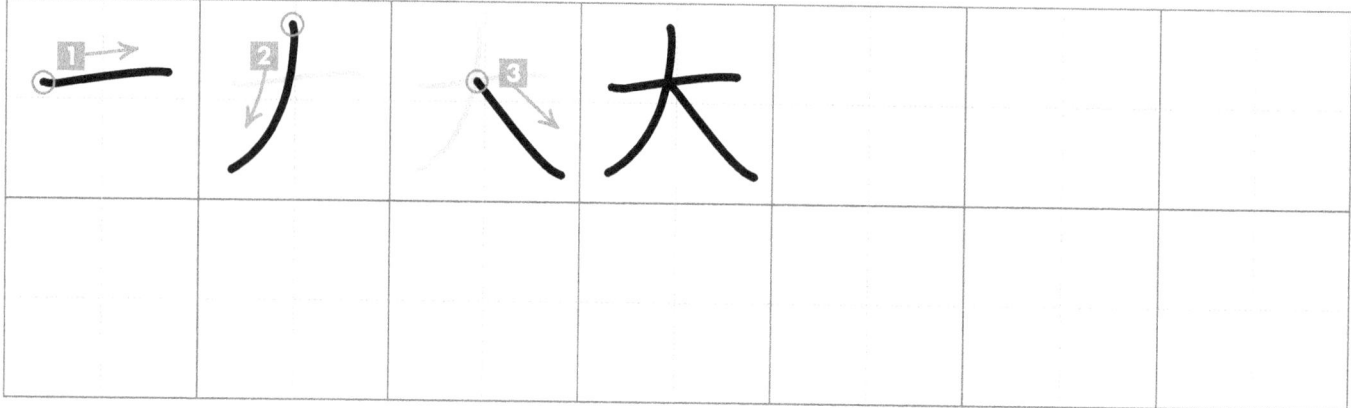

ÜBUNG

Zeichnet und übt dieses Kanji unten

STILE

大 大 大 大 大 大 ★ 大

ONYOMI

ジュウ
juu

KUNYOMI

とお、と
too, to

VOKABELN

十分 (じゅうぶん)	ausreichend; genügend		七十 (ななじゅう)	siebzig
十時 (じゅうじ)	10 Uhr		十一 (じゅういち)	elf
十月 (じゅうがつ)	Oktober		十人 (じゅうにん)	zehn Personen

STRICHFOLGE   Wie dieses Kanji gezeichnet wird

ÜBUNG   Zeichnet und übt dieses Kanji unten

STILE   十 十 十 十 十 十 十 十

ONYOMI

二、ジ

ni, ji

KUNYOMI

ふた(つ)、 ふたたび

futa(tsu), futatabi

VOKABELN

二つ (ふた)	**zwei**	十二 (じゅうに)	**zwölf**
二人 (ふたり)	**zwei Personen**	無二 (むに)	konkurrenzlos; beispiellos
二時 (にじ)	**zwei Uhr**	第二 (だいに)	**zweite(r, -s)**

STRICHFOLGE — Wie dieses Kanji gezeichnet wird

ÜBUNG — Zeichnet und übt dieses Kanji unten

STILE

二 二 二 二 二 二 二 二

KANJI #	RADIKAL	STRICHE
0224	木	5

BEDEUTUNG

Buch, Gegenwart, wahr, Zählwort für lange, schmale Gegenstände

UNICODE

672C

本

ONYOMI

ホン
hon

KUNYOMI

もと
moto

VOKABELN

本来 (ほんらい)　ursprünglich; hauptsächlich
本名 (ほんみょう)　richtiger Name
本日 (ほんじつ)　heute

日本 (にほん)　Japan
基本 (きほん)　Fundament; Basis
手本 (てほん)　Schönschreibheft

STRICHFOLGE　　　　　　　　　　　　　Wie dieses Kanji gezeichnet wird

ÜBUNG　　　　　　　　　　　　Zeichnet und übt dieses Kanji unten

STILE　本　本　本　本　本　本　本　本

KANJI #	RADIKAL	STRICHE	BEDEUTUNG	UNICODE
0039			4	in, innen, mittlere(r, -s), Mitte, Zentrum	**4E2D**

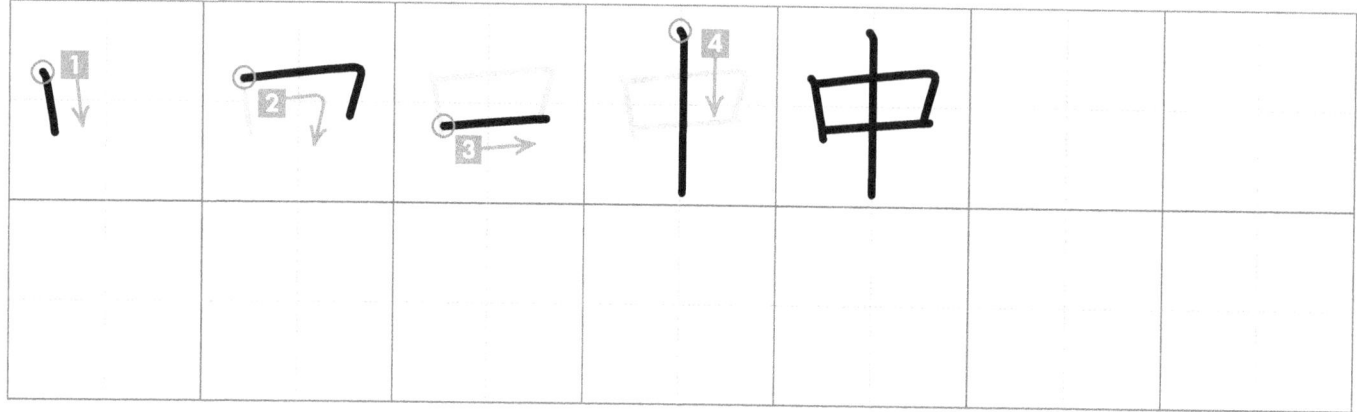

ONYOMI

チュウ

chuu

KUNYOMI

なか、うち、あた(る)

naka, uchi, ata(ru)

VOKABELN

中国 (ちゅうごく) China
中止 (ちゅうし) Suspendierung
中身 (なかみ) Inhalt

途中 (とちゅう) Unterwegs
集中 (しゅうちゅう) Konzentration
市中 (しちゅう) in der Stadt

STRICHFOLGE

Wie dieses Kanji gezeichnet wird

ÜBUNG

Zeichnet und übt dieses Kanji unten

STILE 中 中 中 中 中 中 中 中

KANJI #	RADIKAL	STRICHE	BEDEUTUNG	UNICODE
2070	長	8	lang, Leiter, Vorgesetzter, Älterer	9577

ONYOMI

チョウ

chou

KUNYOMI

なが(い)、 おさ

naga(i), osa

VOKABELN

長年 (ながねん)   lange Zeit
長期 (ちょうき)   langfristig
長所 (ちょうしょ)   Stärke

社長 (しゃちょう)   Firmenchef
全長 (ぜんちょう)   Gesamtlänge
機長 (きちょう)   pilot

STRICHFOLGE

Wie dieses Kanji gezeichnet wird

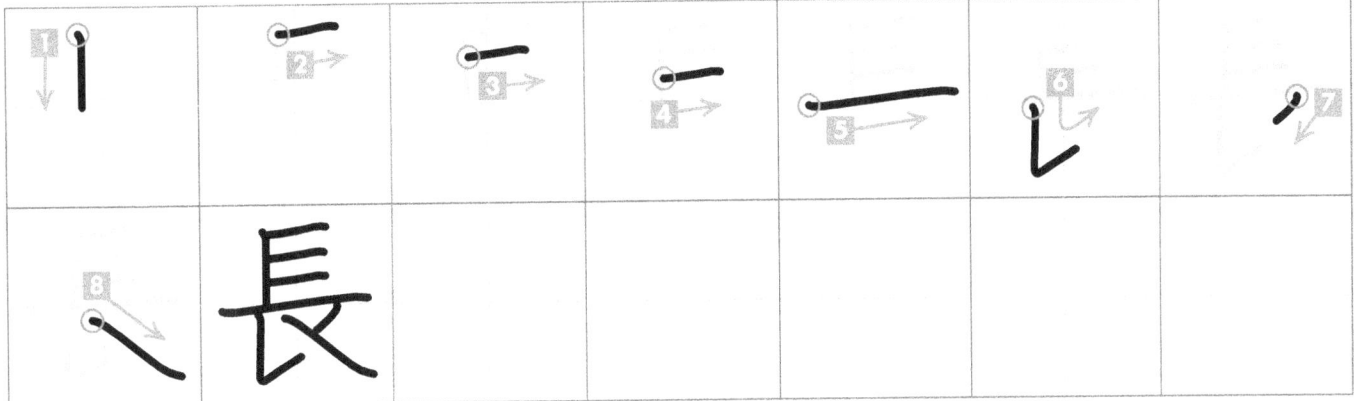

ÜBUNG

Zeichnet und übt dieses Kanji unten

STILE   長 長 長 長 長 長 長 長

135

KANJI #	RADIKAL	STRICHE	BEDEUTUNG	UNICODE
0829	凵	5	**verlassen, herauskommen, hinausgehen**	**51FA**

出

ONYOMI

シュツ、スイ

shutsu, sui

KUNYOMI

で(る)、 だ(す)、 い(でる)

de(ru), da(su), i(deru)

VOKABELN

出発 (しゅっぱつ) **Abreise**
出口 (でぐち) **Ausgang**
出版 (しゅっぱん) **Veröffentlichung**

見出し (みだ) **Überschrift**
演出 (えんしゅつ) **Aufführung**
出来事 (できごと) **Vorfall**

STRICHFOLGE

Wie dieses Kanji gezeichnet wird

ÜBUNG

Zeichnet und übt dieses Kanji unten

STILE 出 出 出 出 出 出 出 出

KANJI #	RADIKAL	STRICHE	BEDEUTUNG	UNICODE
0003	一	3	**drei, 3**	4E09

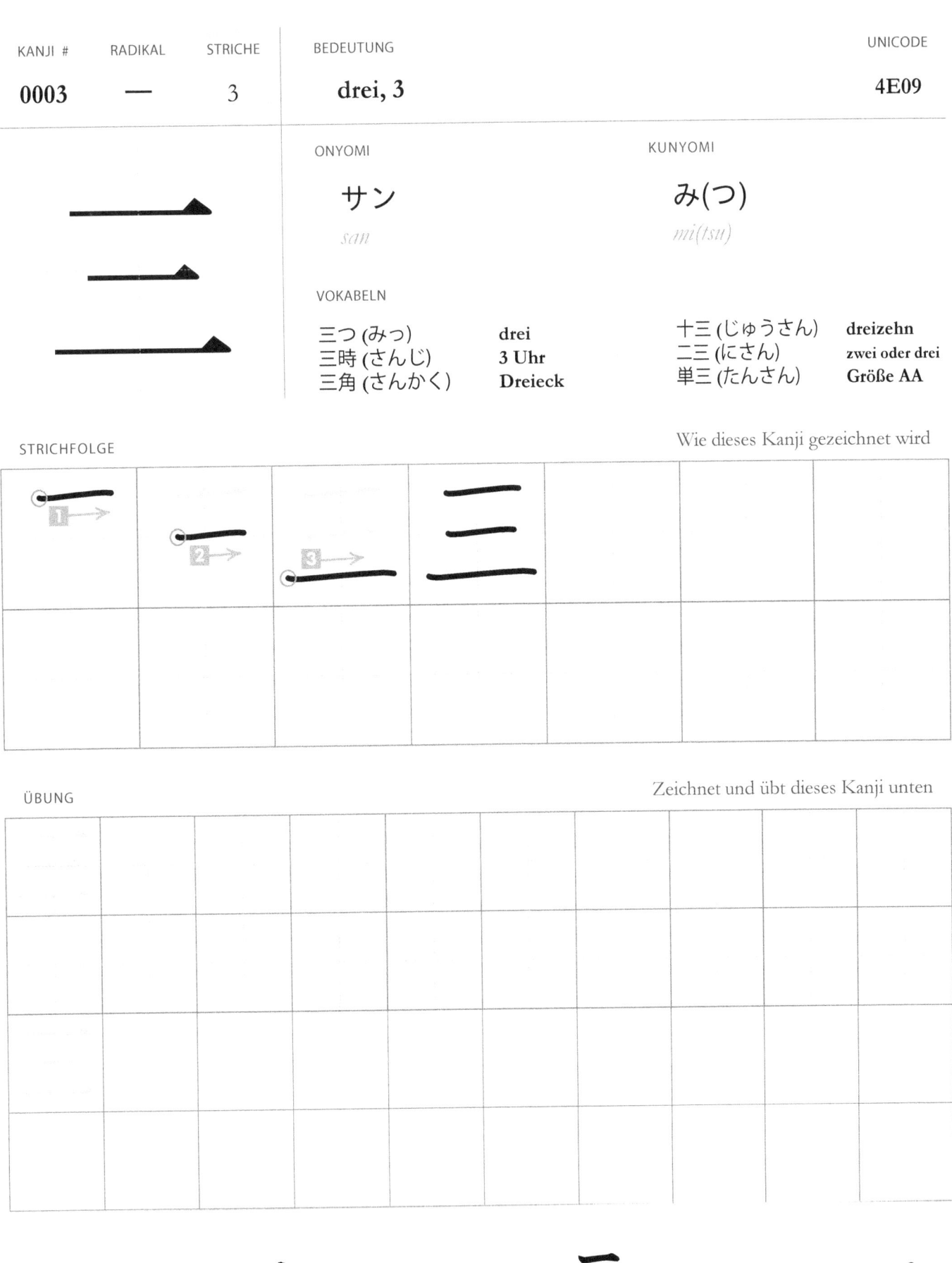

ONYOMI

サン

san

KUNYOMI

み(つ)

mi(tsu)

VOKABELN

三つ (みっ)   **drei**
三時 (さんじ)   **3 Uhr**
三角 (さんかく)   **Dreieck**

十三 (じゅうさん)   **dreizehn**
二三 (にさん)   **zwei oder drei**
単三 (たんさん)   **Größe AA**

STRICHFOLGE   Wie dieses Kanji gezeichnet wird

ÜBUNG   Zeichnet und übt dieses Kanji unten

STILE

KANJI #	RADIKAL	STRICHE	BEDEUTUNG	UNICODE
0171	日	10	**Zeit, Stunde**	**6642**

時

ONYOMI

ジ
ji

KUNYOMI

とき、-どき
toki, doki

VOKABELN

時計 (とけい)　**Uhr**
時半 (じはん)　**etwa eine Stunde**
時差 (じさ)　**Zeitunterschied**

日時 (にちじ)　**Datum und Uhrzeit**
何時 (いつ)　**wann; wie bald**
同時 (どうじ)　**gleichzeitig**

STRICHFOLGE

Wie dieses Kanji gezeichnet wird

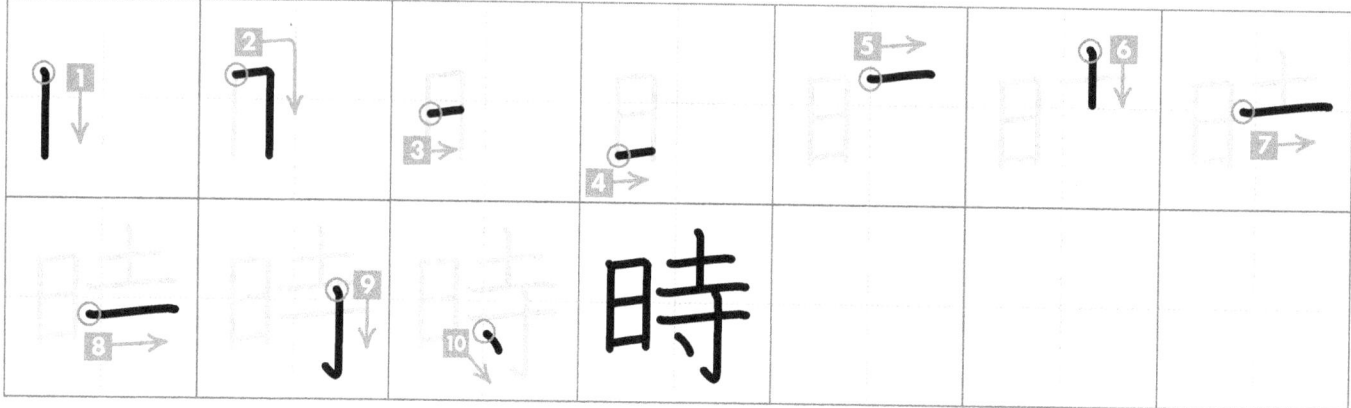

ÜBUNG

Zeichnet und übt dieses Kanji unten

STILE　時　時　時　時　時　時　時　時

| 0938 | 行 | 6 | **gehen, Reise, durchführen, Linie, Zeile** | 884C |

行

ONYOMI

コウ、 ギョウ、 アン

kou, gyou, an

KUNYOMI

い(く)、 ゆ(く)、
おこな(う)

i(ku), yu(ku), okona(u)

VOKABELN

行き (ゆ) — nach, auf dem Weg zu
行事 (ぎょうじ) — Veranstaltung; Begebenheit
行政 (ぎょうせい) — **Verwaltung**

旅行 (りょこう) — **Reise; Trip**
銀行 (ぎんこう) — **bank**
流行 (りゅうこう) — **Mode**

STRICHFOLGE

Wie dieses Kanji gezeichnet wird

ÜBUNG

Zeichnet und übt dieses Kanji unten

STILE 行 行 行 行 行 行 行 行

KANJI #	RADIKAL	STRICHE	BEDEUTUNG	UNICODE
0061	見	7	(an)sehen, Hoffnungen, Aussichten, Idee, Meinung, (an)schauen	898B

見

ONYOMI

ケン

ken

KUNYOMI

み(る)、 み(せる)

mi(ru), mi(seru)

VOKABELN

見る (み)	(an)sehen; (an)schauen	発見 (はっけん)	**Entdeckung**
見出し (みだ)	Schlagzeile, Überschrift	一見 (いっけん)	Blick; flüchtiger Blick
見解 (けんかい)	**Meinung**	会見 (かいけん)	**interview**

STRICHFOLGE

Wie dieses Kanji gezeichnet wird

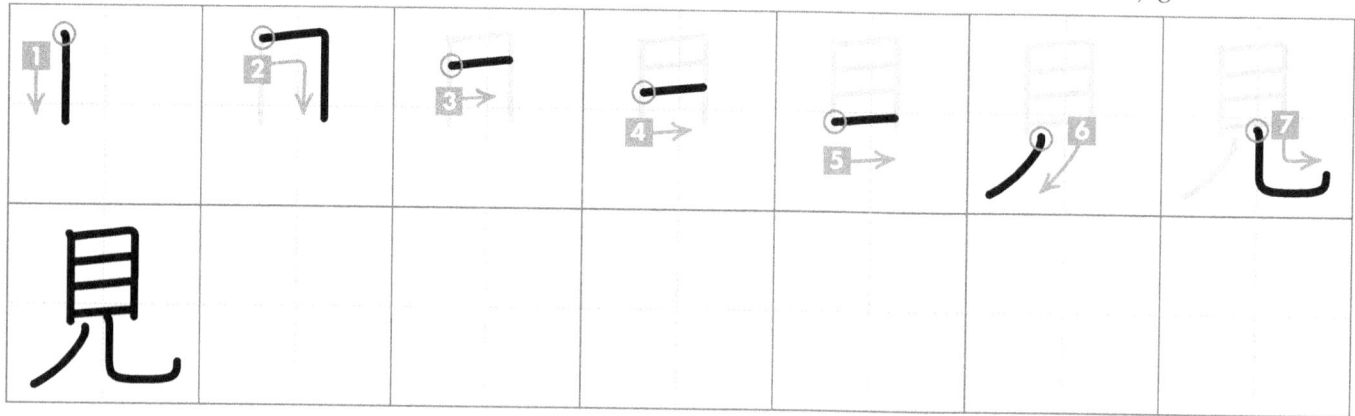

ÜBUNG

Zeichnet und übt dieses Kanji unten

STILE 見 見 見 見 見 見 見 見

KANJI #	RADIKAL	STRICHE	BEDEUTUNG	UNICODE
0013	日	4	**Monat, Mond**	6708

ONYOMI

ゲツ、 ガツ

getsu, gatsu

KUNYOMI

つき

tsuki

VOKABELN

月曜 (げつよう) — Montag
月日 (つきひ) — Zeit; Jahre; Tage
月給 (げっきゅう) — Monatsgehalt

毎月 (まいつき) — jeden Monat
今月 (こんげつ) — diesen Monat
来月 (らいげつ) — nächsten Monat

STRICHFOLGE

Wie dieses Kanji gezeichnet wird

ÜBUNG

Zeichnet und übt dieses Kanji unten

STILE   月 月 月 月 月 月 月 月

KANJI #	RADIKAL	STRICHE	BEDEUTUNG	UNICODE
0844	刀	4	**Anteil, Minute (Zeiteinheit), verstehen**	5206

分

ONYOMI

ブン、フン、ブ
bun, fun, bu

KUNYOMI

わ(ける)
wa(keru)

VOKABELN

分かる (わ) — verstehen
分野 (ぶんや) — Bereich; Gebiet
分析 (ぶんせき) — Analyse

半分 (はんぶん) — Hälfte
自分 (じぶん) — selbst
気分 (きぶん) — Stimmung; Laune

STRICHFOLGE

Wie dieses Kanji gezeichnet wird

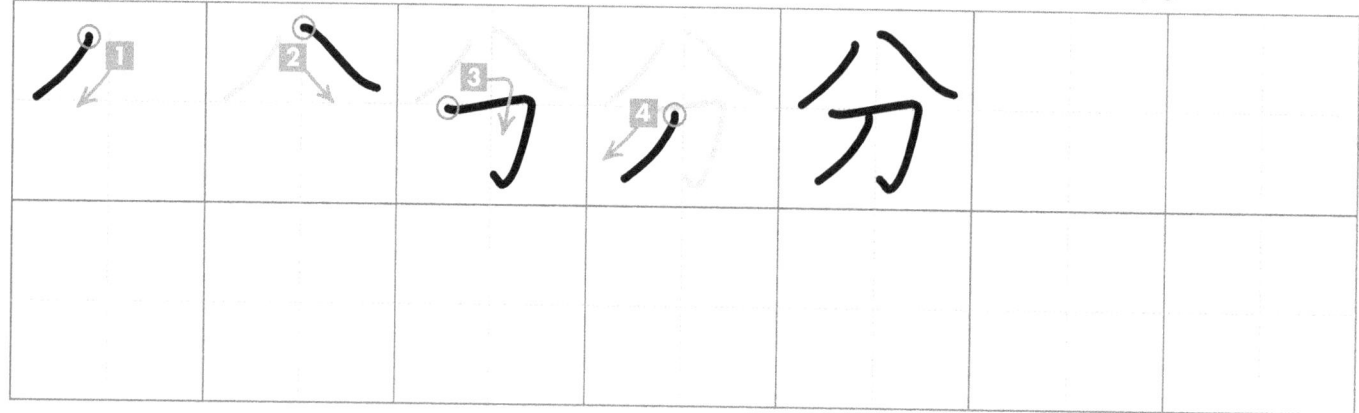

ÜBUNG

Zeichnet und übt dieses Kanji unten

STILE   分 分 分 分 分 分 分 分

hinter, Rückseite, später

ONYOMI

ゴ、コウ

go, kou

KUNYOMI

のち、うし(ろ)、あと

nochi, ushi(ro), ato

VOKABELN

後ろ (うし)	Rückseite; hinten	今後 (こんご)	von nun an
後半 (こうはん)	zweite Hälfte	午後 (ごご)	Nachmittag; p.m.
後で (あと)	danach	前後 (ぜんご)	vorne und hinten

STRICHFOLGE

Wie dieses Kanji gezeichnet wird

ÜBUNG

Zeichnet und übt dieses Kanji unten

STILE

後 後 後 後 後 後 後 後

前

ONYOMI

ゼン

zen

KUNYOMI

まえ

mae

VOKABELN

前半 (ぜんはん) erste Hälfte
前進 (ぜんしん) Vormarsch
前日 (ぜんじつ) Vortag

名前 (なまえ) Name; vollständiger Name
午前 (ごぜん) Morgen; A.M.
出前 (でまえ) Catering; Auslieferung

STRICHFOLGE

Wie dieses Kanji gezeichnet wird

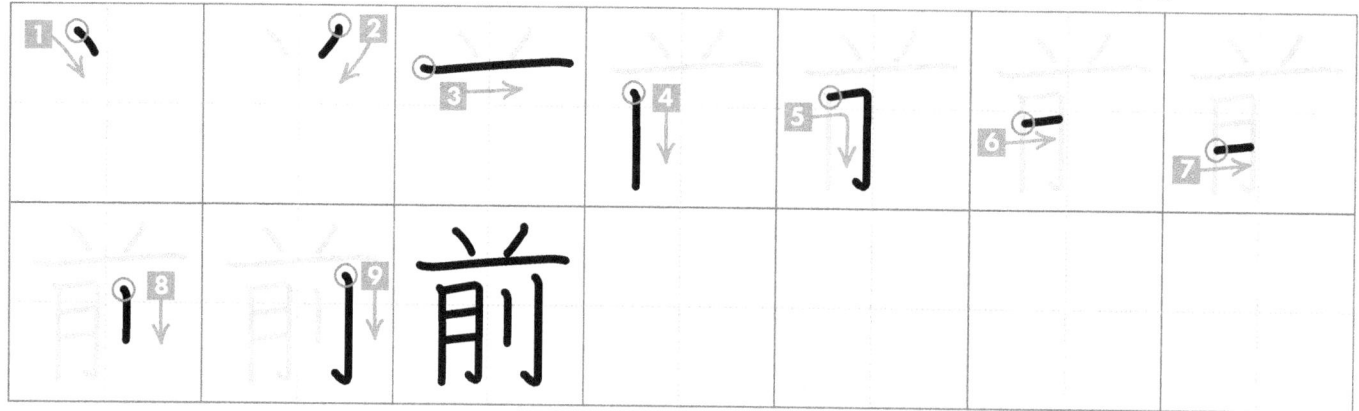

ÜBUNG

Zeichnet und übt dieses Kanji unten

STILE   前 前 前 前 前 前 前 前

KANJI #	RADIKAL	STRICHE	BEDEUTUNG	UNICODE
1675	生	5	**Leben, natürlich, Geburt**	**751F**

ONYOMI

セイ、ショウ

sei, shou

KUNYOMI　い(きる)、う(む)、
お(う)、は(える)、なま

i(kiru), u(mu), o(u), ha(eru), nama

VOKABELN

生徒 (せいと)　　Schüler*in
生きる (い)　　leben; existieren
生命 (せいめい)　Leben; Existenz

学生 (がくせい)　Student*in
先生 (せんせい))　Lehrer*in; Meister
一生 (いっしょう)　ganzes Leben

STRICHFOLGE　　　　　　　　　　　　　　Wie dieses Kanji gezeichnet wird

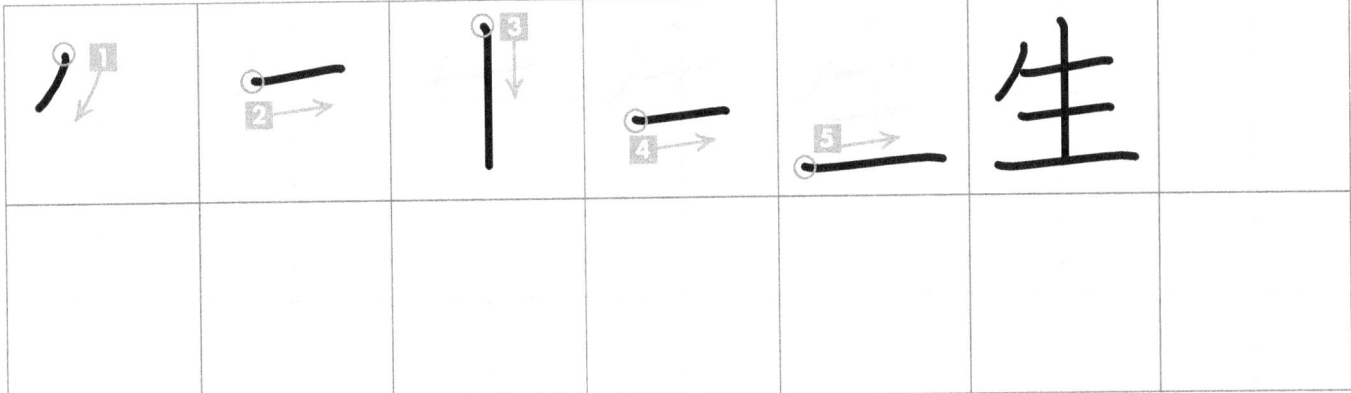

ÜBUNG　　　　　　　　　　　　　　Zeichnet und übt dieses Kanji unten

STILE　　生　生　生　生　生　生　生

五

ONYOMI

ゴ

go

KUNYOMI

いつ(つ)

itsu(tsu)

VOKABELN

五日 (いつか)	fünf Tage	十五 (じゅうご)	fünfzehn
五時 (ごじ)	fünf Uhr	単五 (たんご)	Größe N (Batterie)
五百 (ごひゃく)	500	第五 (だいご)	der Fünfte

STRICHFOLGE

Wie dieses Kanji gezeichnet wird

一　　ノ　　フ　　二　　五

ÜBUNG

Zeichnet und übt dieses Kanji unten

STILE 　五　五　五　五　五　五　五　五

KANJI #	RADIKAL	STRICHE	BEDEUTUNG	UNICODE
1747	門	12	**Abstand, Zwischenraum**	**9593**

間

ONYOMI

カン、ケン
kan, ken

KUNYOMI

あいだ、ま、あい
aida, ma, ai

VOKABELN

間接 (かんせつ) — indirekt
間隔 (かんかく) — Zwischenraum, Abstand
間近 (まぢか) — Nähe, Bevorstehen

人間 (にんげん) — menschliches Wesen
期間 (きかん) — Zeitspanne, Frist
世間 (せけん) — Welt; Gesellschaft

STRICHFOLGE

Wie dieses Kanji gezeichnet wird

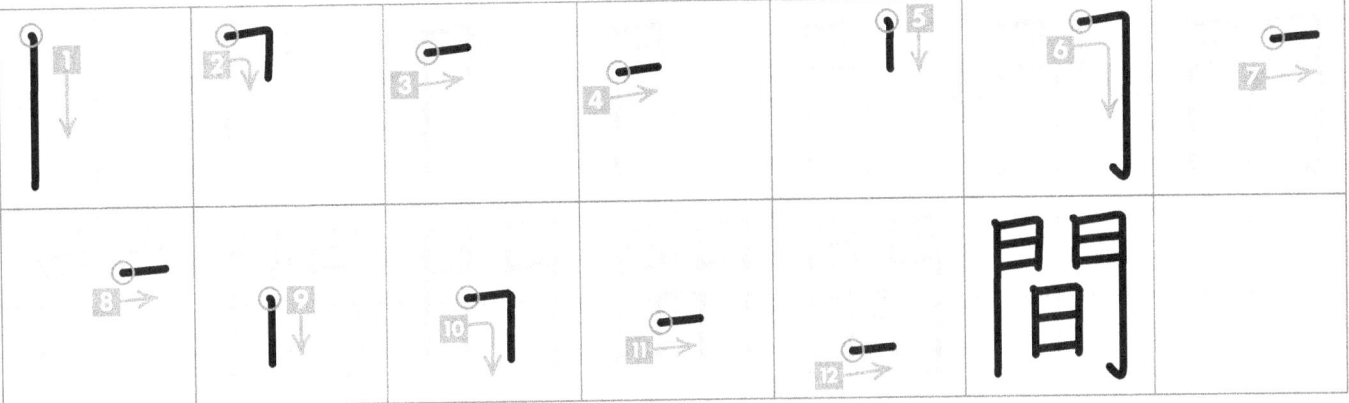

ÜBUNG

Zeichnet und übt dieses Kanji unten

STILE   間　間　間　間　間　間　間　間

KANJI #	RADIKAL	STRICHE	BEDEUTUNG		UNICODE
0050	一	3	**oberhalb, oben**		**4E0A**

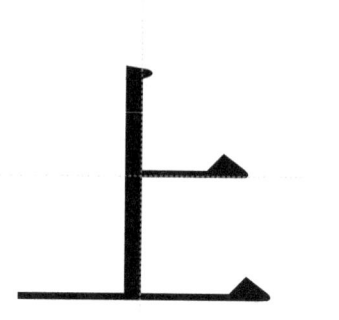

ONYOMI ジョウ、ショウ、 シャン

jou, shou, shan

KUNYOMI うえ、 うわ- うえ、 うわ-、 かみ、 あ(げる)、 のぼ(る)、 たてまつ(る)

ue, uwa, kami, a(geru), nobo(ru), tatematsu(ru)

VOKABELN

上下 (じょうげ)	oben und unten	以上 (いじょう)	nicht weniger als
上り (のぼ)	Anstieg; Aufstieg	屋上 (おくじょう)	Flachdach
上る (のぼ)	aufsteigen; hinaufgehen	年上 (としうえ)	ältere(r, -s)

STRICHFOLGE

Wie dieses Kanji gezeichnet wird

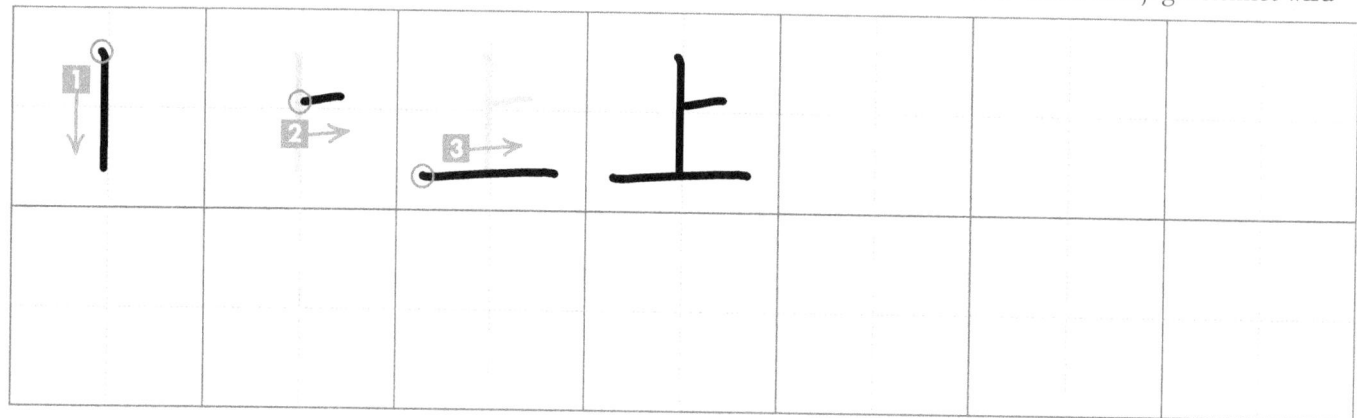

ÜBUNG

Zeichnet und übt dieses Kanji unten

STILE　　上　上　上　上　上　上　上　上

148

KANJI #	RADIKAL	STRICHE	BEDEUTUNG	UNICODE
0543	木	8	**ältere(r, -s)**	6771

ONYOMI

トウ

tou

KUNYOMI

ひがし

higashi

VOKABELN

東西 (とうざい) Ost und West
東洋 (とうよう) Orient
東北 (とうほく) Nordosten; Tohoku

北東 (ほくとう) Nordosten
南東 (なんとう) Südosten
東京 (とうきょう) Tokyo

STRICHFOLGE   Wie dieses Kanji gezeichnet wird

ÜBUNG   Zeichnet und übt dieses Kanji unten

STILE

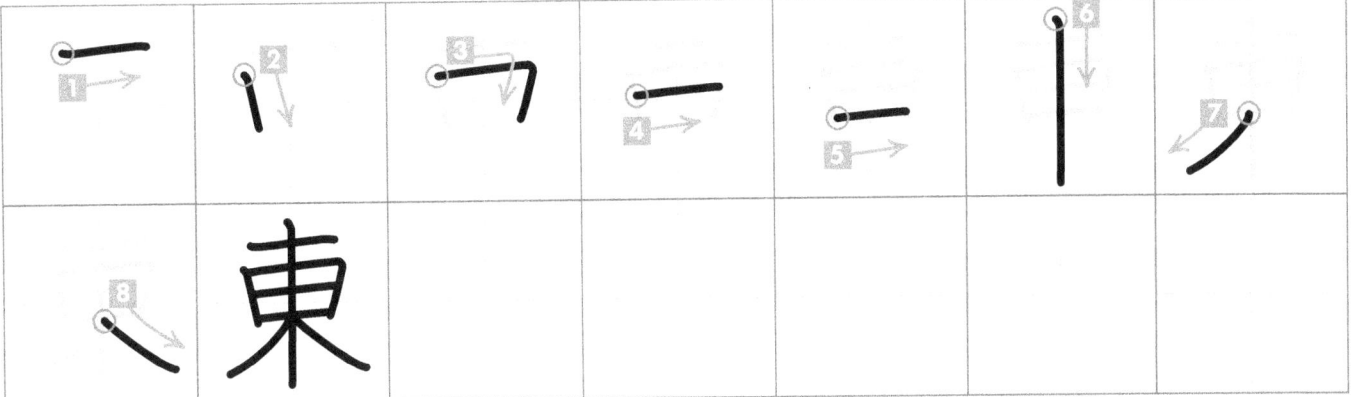

KANJI #	RADIKAL	STRICHE	BEDEUTUNG		UNICODE
0004	口	5	**vier, 4**		**56DB**

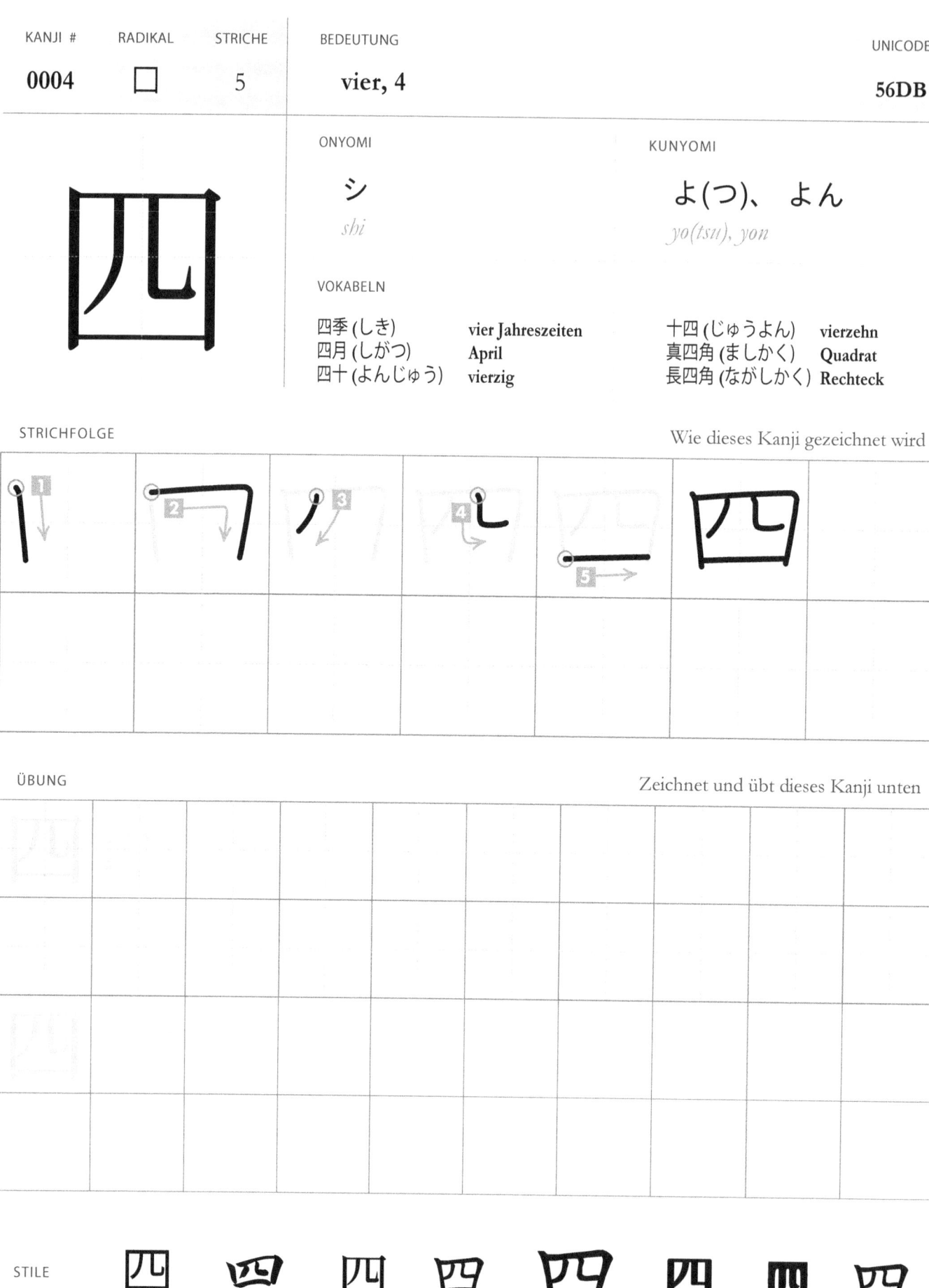

ONYOMI

シ
shi

KUNYOMI

よ(つ)、よん
yo(tsu), yon

VOKABELN

四季 (しき)　　　　　vier Jahreszeiten
四月 (しがつ)　　　　April
四十 (よんじゅう)　　vierzig

十四 (じゅうよん)　　vierzehn
真四角 (ましかく)　　Quadrat
長四角 (ながしかく)　Rechteck

STRICHFOLGE　　　　　　　　　　　　　　　Wie dieses Kanji gezeichnet wird

ÜBUNG　　　　　　　　　　　　　　Zeichnet und übt dieses Kanji unten

STILE　　四　四　四　四　四　四　四　四

KANJI #	RADIKAL	STRICHE	BEDEUTUNG	UNICODE
1711	人	4	**jetzt, die Gegenwart**	**4ECA**

今

ONYOMI

コン、キン

kon, kin

KUNYOMI

いま

ima

VOKABELN

今日 (きょう) heute; dieser Tag
今年 (ことし) dieses Jahr
今月 (こんげつ) diesen Monat

今度 (こんど) dieses Mal
今朝 (けさ) heute Morgen
今週 (こんしゅう) diese Woche

STRICHFOLGE — Wie dieses Kanji gezeichnet wird

ÜBUNG — Zeichnet und übt dieses Kanji unten

STILE

金

ONYOMI

キン、コン、ゴン

kin, kon, gon

KUNYOMI

かね、かな-、-がね

kane, kana, gane

VOKABELN

金属 (きんぞく)	**Metall**	料金 (りょうきん)	**Gebühr**
金曜 (きんよう)	**Freitag**	借金 (しゃっきん)	Schulden; Darlehen
金銭 (きんせん)	**Geld; Bargeld**	資金 (しきん)	**Geldmittel; Kapital**

STRICHFOLGE   Wie dieses Kanji gezeichnet wird

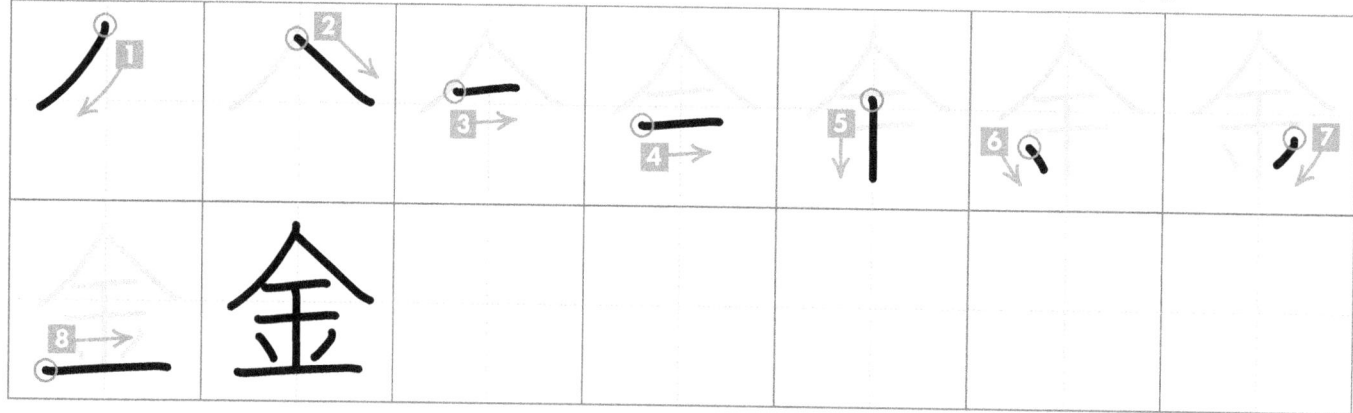

ÜBUNG   Zeichnet und übt dieses Kanji unten

STILE   金 金 金 金 金 金 金 金

九

ONYOMI

キュウ、ク

kyuu, ku

KUNYOMI

ここの(つ)

kokono(tsu)

VOKABELN

九月 (くがつ) September
九時 (くじ) neun Uhr
九分 (くぶ) neun Teile

二九 (にく) neunundzwanzig
八九分 (はっくぶ) fast; beinahe
十九 (じゅうきゅう) neunzehn

STRICHFOLGE

Wie dieses Kanji gezeichnet wird

ノ　乙　九

ÜBUNG

Zeichnet und übt dieses Kanji unten

STILE

九　九　九　九　九　九　九　九

KANJI #	RADIKAL	STRICHE	BEDEUTUNG	UNICODE
0842	入	2	**eintreten; eintragen**	**5165**

ONYOMI

ニュウ

nyuu

KUNYOMI

い(る)、はい(る)

i(ru), hai(ru)

VOKABELN

入る (はい) betreten; hineingehen
入場 (にゅうじょう) Eintritt; Zutritt
入力 (にゅうりょく) Input; Eingabe (von Daten)

収入 (しゅうにゅう) Einkommen; Einnahmen
購入 (こうにゅう) erwerben; kaufen
加入 (かにゅう) ein Mitglied werden

STRICHFOLGE

Wie dieses Kanji gezeichnet wird

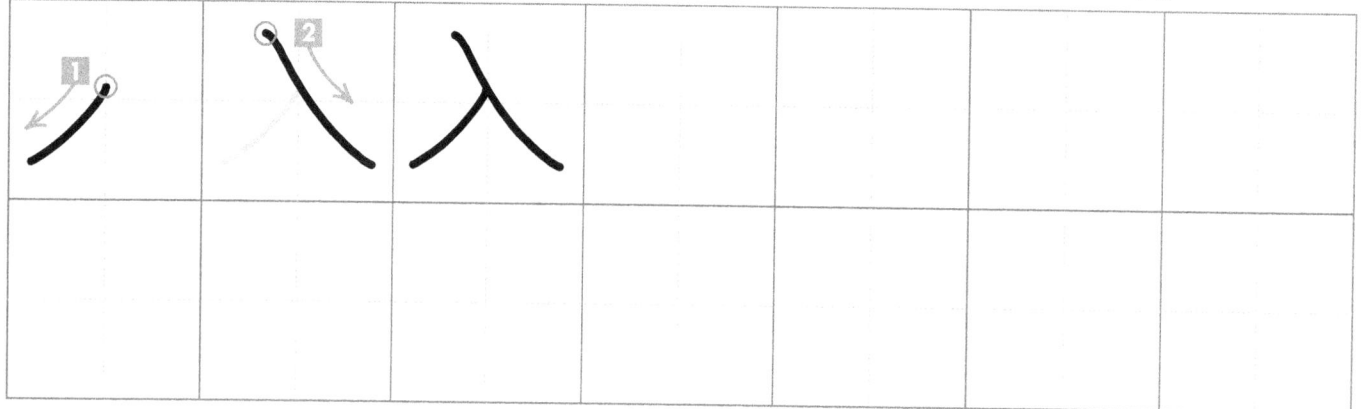

ÜBUNG

Zeichnet und übt dieses Kanji unten

STILE

学

ONYOMI

ガク
gaku

KUNYOMI

まな(ぶ)
mana(bu)

VOKABELN

学校 (がっこう)   Schule
学生 (がくせい)   Student*in
学習 (がくしゅう)   Studieren; Lernen

中学 (ちゅうがく)   Mittelschule
科学 (かがく)   Wissenschaft
文学 (ぶんがく)   Literatur

STRICHFOLGE

Wie dieses Kanji gezeichnet wird

ÜBUNG

Zeichnet und übt dieses Kanji unten

STILE

学 学 学 学 学 学 学 学

groß, hoch, teuer

ONYOMI

コウ

kou

KUNYOMI

たか(い)

taka(i)

VOKABELN

高い (たか)	hoch; groß	最高 (さいこう)	höchstes; bestes
高度 (こうど)	Höhe über dem Meer, Höhe	標高 (ひょうこう)	Meereshöhe
高速 (こうそく)	hohe Geschwindigkeit	小高い (こだか)	leicht erhöht

STRICHFOLGE

Wie dieses Kanji gezeichnet wird

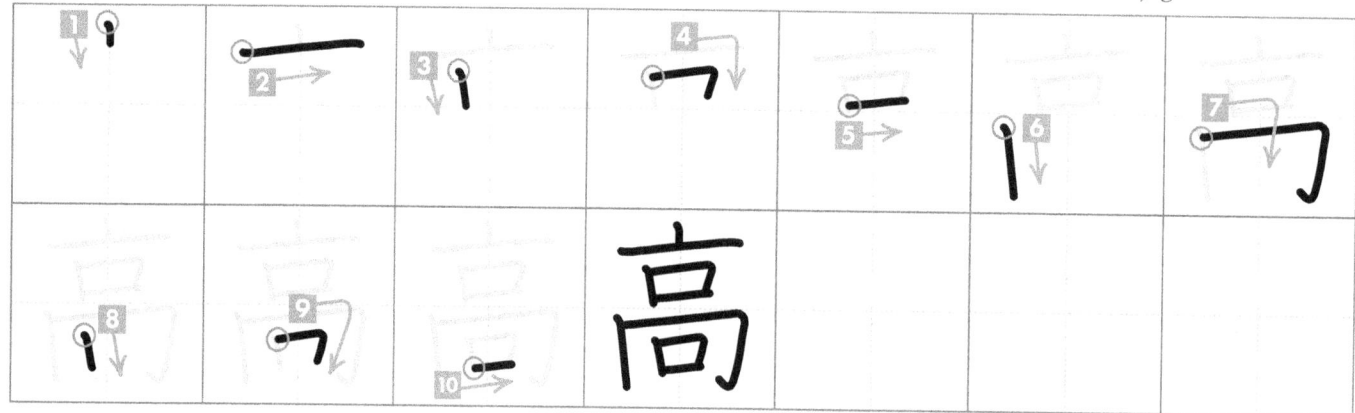

ÜBUNG

Zeichnet und übt dieses Kanji unten

STILE 高 高 高 高 高 高 高 高

KANJI #	RADIKAL	STRICHE	BEDEUTUNG		UNICODE
1952	冂	4	**Kreis, Yen (japanische Währungseinheit), rund**		**5186**

ONYOMI

エン

en

KUNYOMI

まる(い)

maru(i)

VOKABELN

円い (まる)	**rund; kreisförmig**	楕円 (だえん)	ellipse
円滑 (えんかつ)	**glatt; ungestört**	半円 (はんえん)	Halbkreis
円盤 (えんばん)	Scheibe; Diskus; Servierplatte	大円 (だいえん)	großer Kreis

STRICHFOLGE

Wie dieses Kanji gezeichnet wird

ÜBUNG

Zeichnet und übt dieses Kanji unten

STILE 円 円 円 円 円 円 円 円

157

KANJI #	RADIKAL	STRICHE	BEDEUTUNG	UNICODE
0099	子	3	**Kind**	**5B50**

ONYOMI

シ、ス、ツ

shi, su, tsu

KUNYOMI

こ、-こ(ね)

ko, ne

VOKABELN

子孫 (しそん)	Nachkommen	男子 (だんし)	Junge; junger Mann
子女 (しじょ)	Söhne und Töchter	電子 (でんし)	Elektron
子分 (こぶん)	Anhänger; Gefolgsmann	女子 (じょし)	Frau; Mädchen

STRICHFOLGE

Wie dieses Kanji gezeichnet wird

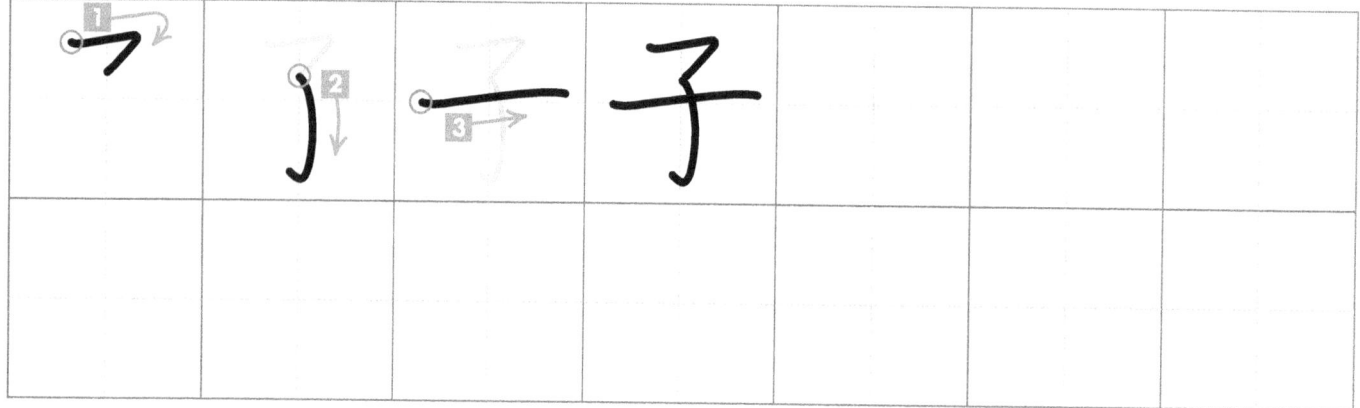

ÜBUNG

Zeichnet und übt dieses Kanji unten

STILE   子 子 子 子 子 子 子 子

KANJI #	RADIKAL	STRICHE	BEDEUTUNG	UNICODE
0116	夕	5	draußen	5916

外

ONYOMI

ガイ、ゲ
gai, ge

KUNYOMI

そと、ほか、
はず(す)、と-
soto, hoka, hazu-, to-

VOKABELN

外国 (がいこく) Ausland
外部 (がいぶ) die Außenwelt
外科 (げか) Operation

海外 (かいがい) Ausland; Übersee
意外 (いがい) unerwartet
郊外 (こうがい) Vorort; Stadtrand

STRICHFOLGE

Wie dieses Kanji gezeichnet wird

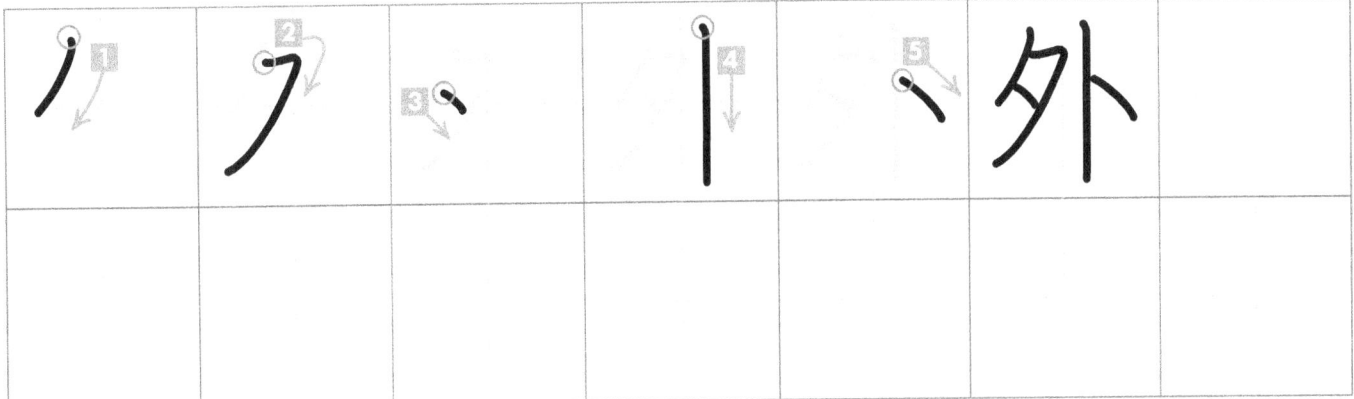

ÜBUNG

Zeichnet und übt dieses Kanji unten

STILE 外 外 外 外 外 外 外 外

KANJI #	RADIKAL	STRICHE	BEDEUTUNG	UNICODE
0008	八	2	acht, 8	516B

八

ONYOMI

ハチ
hachi

KUNYOMI

や(つ)、よう
ya(tsu), you

VOKABELN

八十 (はちじゅう)	achtzig		十八 (じゅうはち)	achtzehn
八月 (はちがつ)	August		二八 (にはち)	sechzehn
八時 (はちじ)	acht Uhr		百八 (ひゃくはち)	108

STRICHFOLGE   Wie dieses Kanji gezeichnet wird

ÜBUNG   Zeichnet und übt dieses Kanji unten

STILE   八 八 八 八 八 八 八 八

六

ONYOMI

ロク

roku

KUNYOMI

む(つ)、むい

mu(tsu), mui

VOKABELN

六月 (ろくがつ)	Juni	才六 (さいろく)	Kind; Balg
六十 (ろくじゅう)	sechzig	6歳 (ろくさい)	Sechsjährige*r
六角 (ろっかく)	Sechseck	甚六 (じんろく)	Dummkopf

STRICHFOLGE

Wie dieses Kanji gezeichnet wird

ÜBUNG

Zeichnet und übt dieses Kanji unten

STILE 六 六 六 六 六 六 六 六

BEDEUTUNG

unterhalb, unten, hinuntergehen, geben, niedrig, minderwertig

下

ONYOMI

カ、ゲ

ka, ge

KUNYOMI　した、 しも、 もと、 さ(げる)、 くだ(る)、 お(ろす)

shita, shimo, moto, sa(geru), kuda(ru), o(rosu)

VOKABELN

下手 (へた)	ungeschickt	地下 (ちか)	Keller
下着 (したぎ)	Unterwäsche	靴下 (くつした)	Socken
下る (くだ)	hinuntergehen	低下 (ていか)	Sinken; Abnahme

STRICHFOLGE

Wie dieses Kanji gezeichnet wird

ÜBUNG

Zeichnet und übt dieses Kanji unten

STILE　下 下 下 下 下 下 下 下

KANJI #	RADIKAL	STRICHE	BEDEUTUNG	UNICODE
2029	木	7	kommen, fällig, nächster, Ursache, werden	6765

来

ONYOMI

ライ、タイ
rai, tai

KUNYOMI

く.る、 きた.る、
き、 こ
kuru, kitaru, ki, ko

VOKABELN

来年 (らいねん)	nächstes Jahr	本来 (ほんらい)	ursprünglich
来月 (らいげつ)	nächsten Monat	以来 (いらい)	seit
来週 (らいしゅう)	nächste Woche	外来 (がいらい)	fremd

STRICHFOLGE

Wie dieses Kanji gezeichnet wird

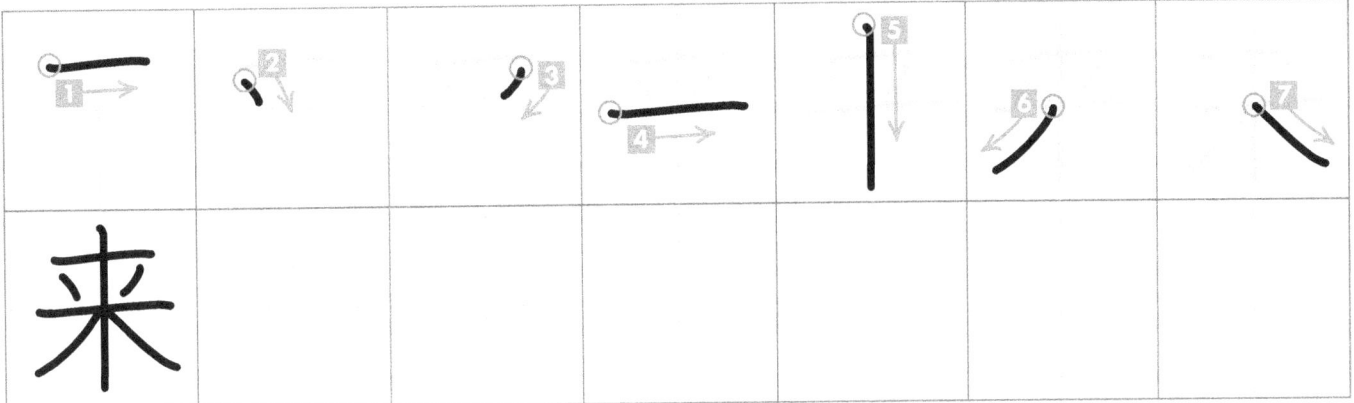

ÜBUNG

Zeichnet und übt dieses Kanji unten

STILE   来 来 来 来 来 来 来 来

BEDEUTUNG

Geist, Luft, Atmosphäre, Laune

気

ONYOMI

キ、ケ

ki, ke

KUNYOMI

いき

iki

VOKABELN

気分 (きぶん) — Stimmung; Laune
気象 (きしょう) — Wetter; Klima
気圧 (きあつ) — Atmosphärendruck

電気 (でんき) — Elektrizität
病気 (びょうき) — Krankheit
元気 (げんき) — munter

STRICHFOLGE

Wie dieses Kanji gezeichnet wird

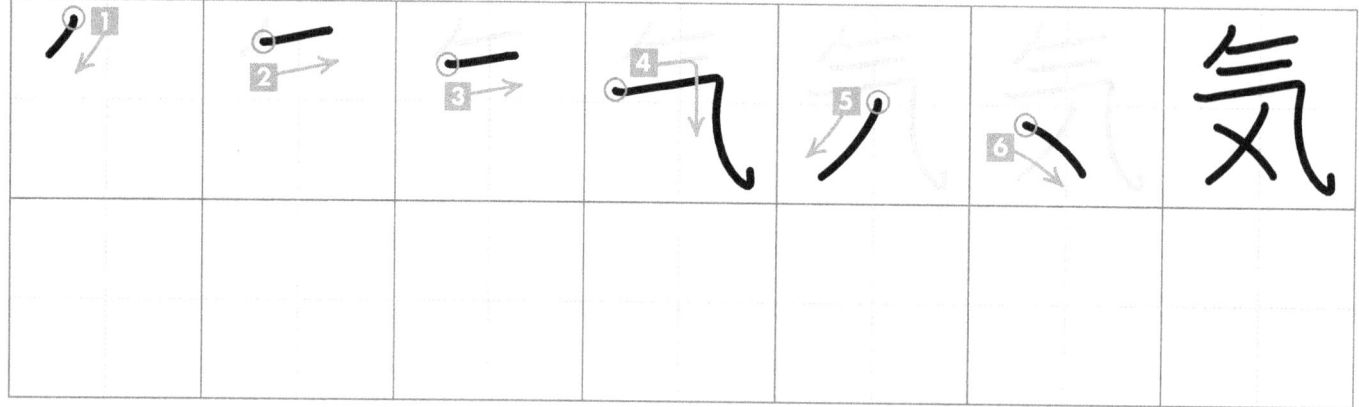

ÜBUNG

Zeichnet und übt dieses Kanji unten

STILE

気 気 気 気 気 気 気 気

小

ONYOMI

ショウ

shou

KUNYOMI

ちい(さい)、
こ-、お-、さ-

chii(sai), ko-, o-, sa-

VOKABELN

小供 (こども)   Kind; Kinder
小説 (しょうせつ)   Roman
小女 (しょうじょ)   kleines Mädchen

大小 (だいしょう)   groß und klein
縮小 (しゅくしょう)   Einschränkung
最小 (さいしょう)   kleinste(r, -s)

STRICHFOLGE   Wie dieses Kanji gezeichnet wird

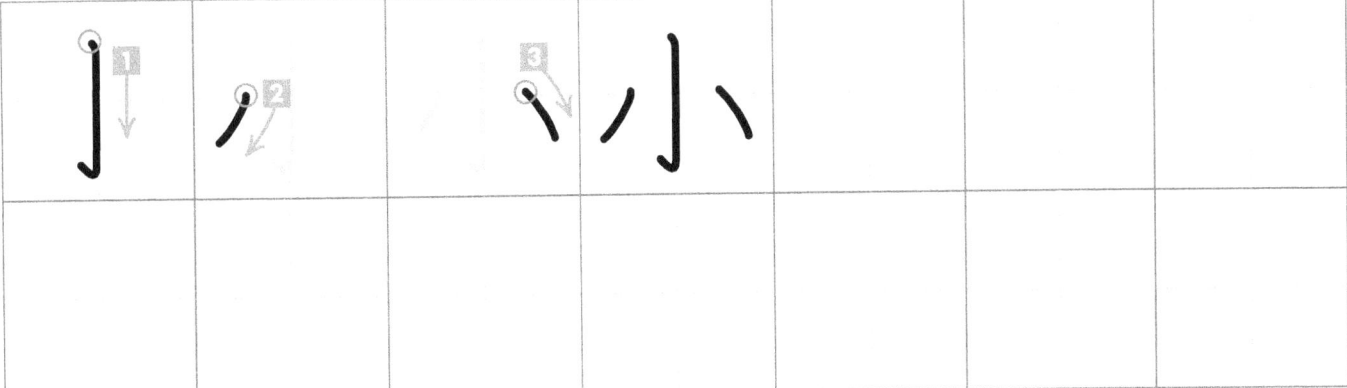

ÜBUNG   Zeichnet und übt dieses Kanji unten

STILE   小 小 小 小 小 小 小 小

KANJI #	RADIKAL	STRICHE	BEDEUTUNG	UNICODE
0007	一	2	**sieben 7**	**4E03**

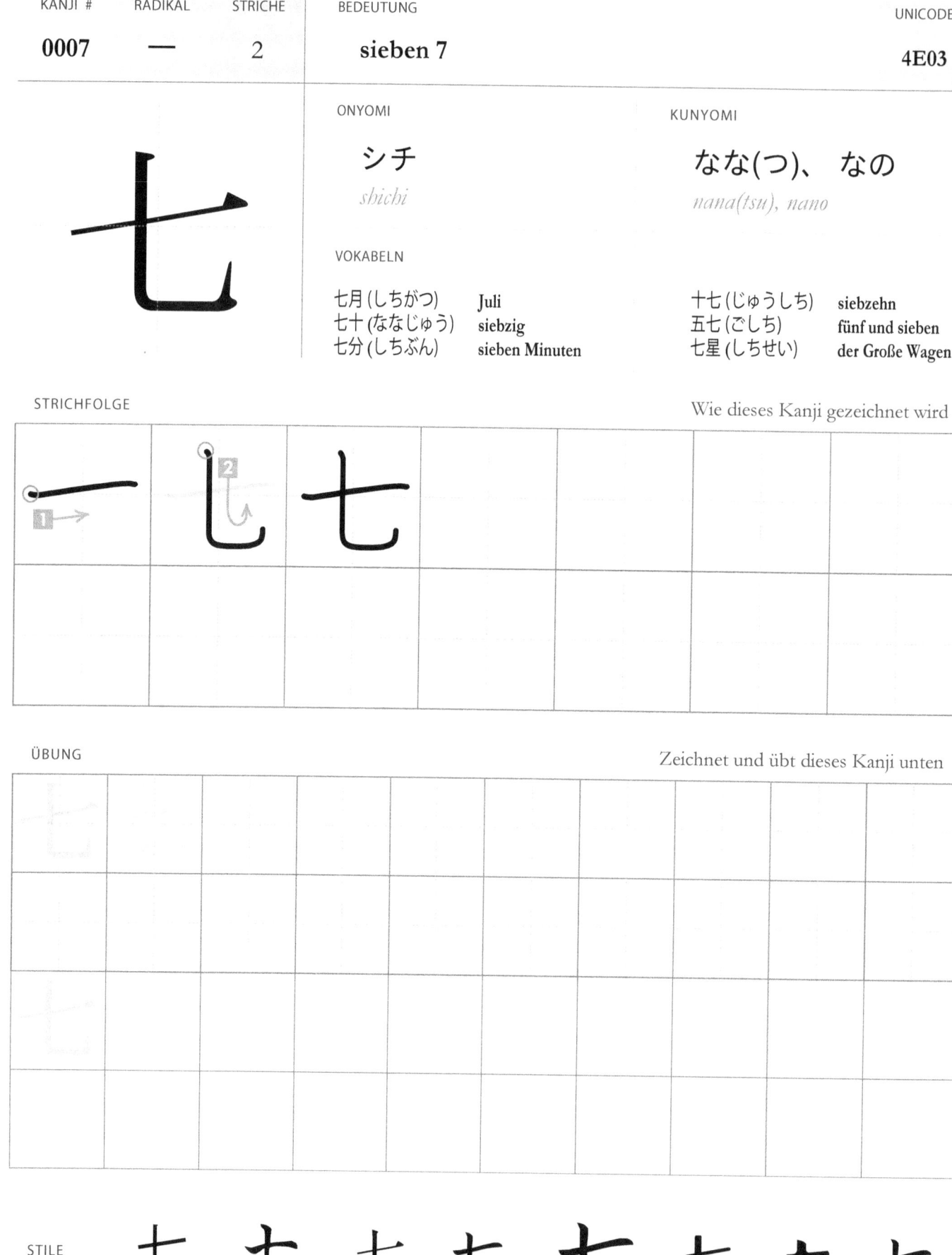

ONYOMI

シチ
shichi

KUNYOMI

なな(つ)、なの
nana(tsu), nano

VOKABELN

七月 (しちがつ)　　Juli
七十 (ななじゅう)　siebzig
七分 (しちぶん)　　sieben Minuten

十七 (じゅうしち)　siebzehn
五七 (ごしち)　　　fünf und sieben
七星 (しちせい)　　der Große Wagen

STRICHFOLGE

Wie dieses Kanji gezeichnet wird

ÜBUNG

Zeichnet und übt dieses Kanji unten

STILE
七　七　七　七　七　七　七　七

KANJI #	RADIKAL	STRICHE	BEDEUTUNG	UNICODE
0830	山	3	**Berg**	**5C71**

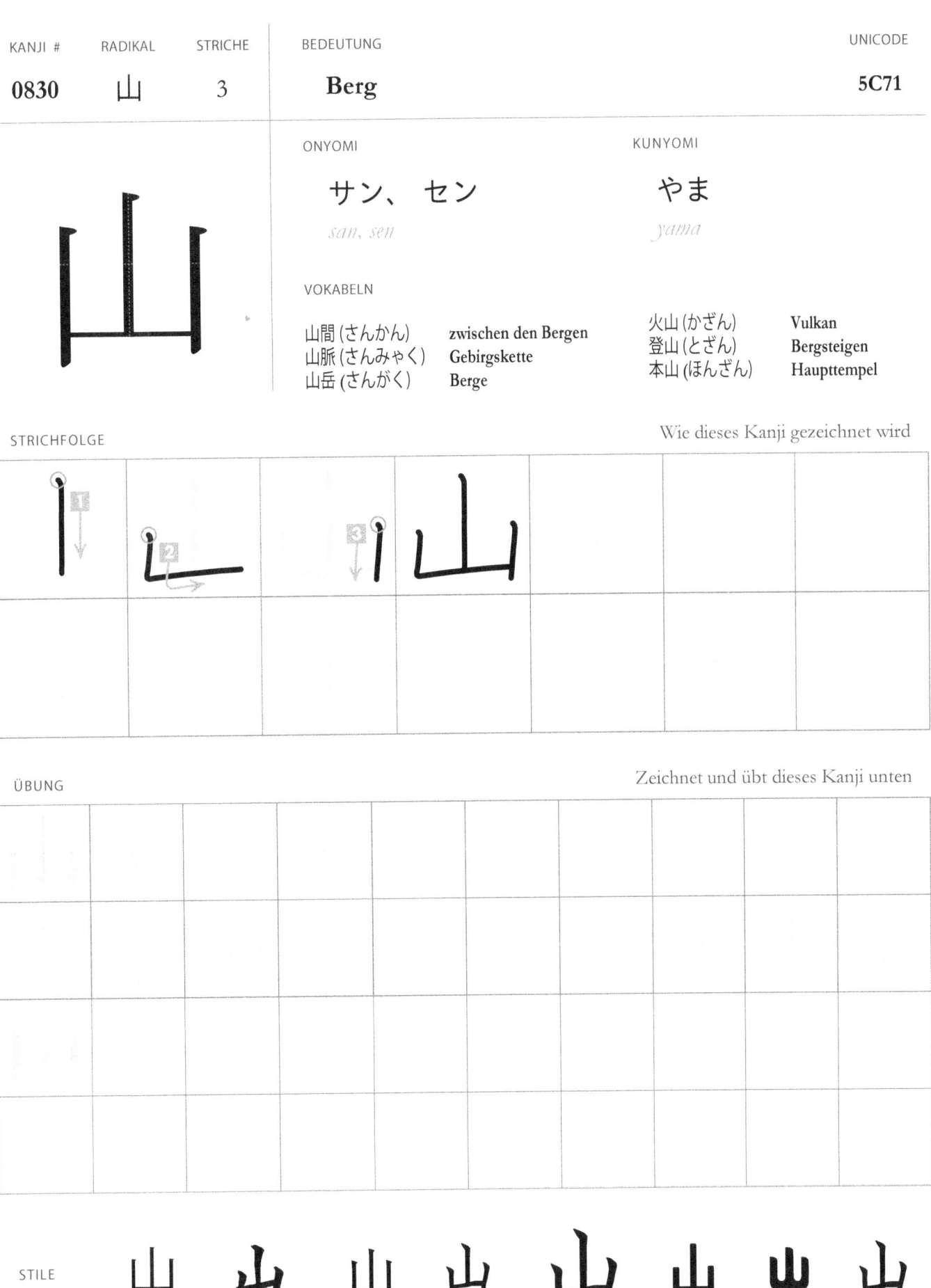

ONYOMI

サン、セン

san, sen

KUNYOMI

やま

yama

VOKABELN

山間 (さんかん)	zwischen den Bergen	火山 (かざん)	Vulkan
山脈 (さんみゃく)	Gebirgskette	登山 (とざん)	Bergsteigen
山岳 (さんがく)	Berge	本山 (ほんざん)	Haupttempel

STRICHFOLGE

Wie dieses Kanji gezeichnet wird

ÜBUNG

Zeichnet und übt dieses Kanji unten

STILE 山 山 山 山 山 山 山 山

KANJI #	RADIKAL	STRICHE	BEDEUTUNG	UNICODE
0368	言	13	**Erzählung, sprechen**	**8A71**

話

ONYOMI

ワ

wa

KUNYOMI

はな(す)、 はなし

hana(su), hanashi

VOKABELN

話題 (わだい) — Gesprächsthema; Gesprächsgegenstand
話中 (はなしちゅう) — besetzt (Telefon)
話々 (はなしばなし) — Smalltalk

会話 (かいわ) — **Gespräch**
世話 (せわ) — sich kümmern (um)
神話 (しんわ) — **Mythos; Legende**

STRICHFOLGE

Wie dieses Kanji gezeichnet wird

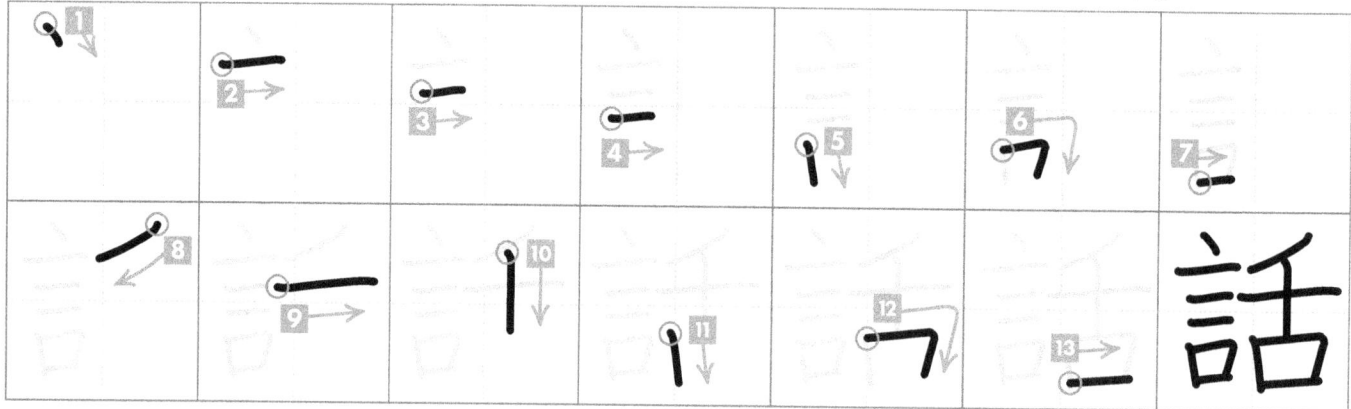

ÜBUNG

Zeichnet und übt dieses Kanji unten

STILE 話 話 話 話 話 話 話 話

KANJI #	RADIKAL	STRICHE	BEDEUTUNG	UNICODE
0102	女	3	Frau, weiblich	5973

ONYOMI

ジョ

jo

KUNYOMI

おんな、め

onnna, me

VOKABELN

女神 (めがみ)	Göttin	彼女 (かのじょ)	sie; ihr
女子 (じょし)	Frau; Mädchen	男女 (だんじょ)	Männer und Frauen
女優 (じょゆう)	Schauspielerin	王女 (おうじょ)	Prinzessin

STRICHFOLGE

Wie dieses Kanji gezeichnet wird

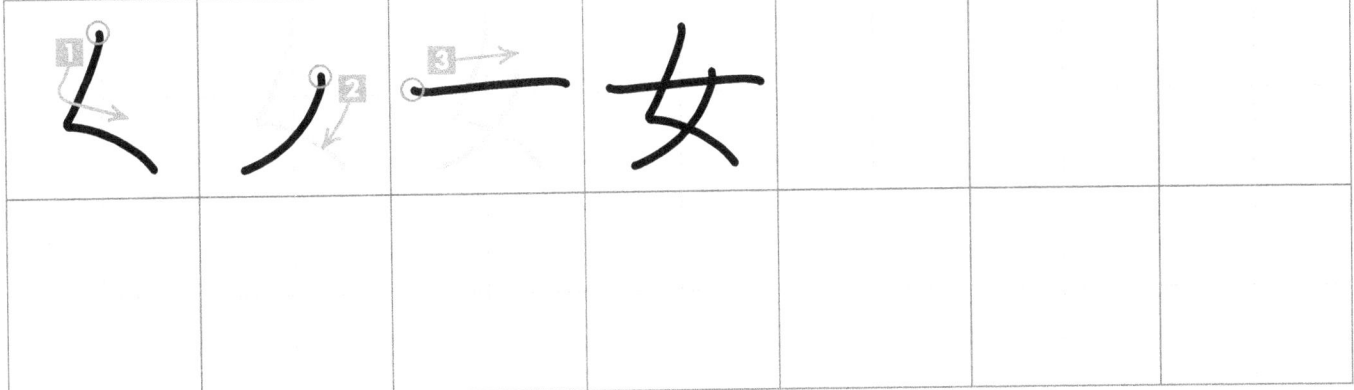

ÜBUNG

Zeichnet und übt dieses Kanji unten

STILE　女　女　女　女　女　女　✦　女

KANJI #	RADIKAL	STRICHE	BEDEUTUNG	UNICODE
0480	匕	5	**Norden**	5317

北

ONYOMI
ホク
hoku

KUNYOMI
きた
kita

VOKABELN

北東 (ほくとう)	Nordost	敗北 (はいぼく)	Niederlage
北西 (ほくせい)	Nordwest	台北 (タイペイ)	Taipeh
北極 (ほっきょく)	Nordpol	以北 (いほく)	nördlich von

STRICHFOLGE

Wie dieses Kanji gezeichnet wird

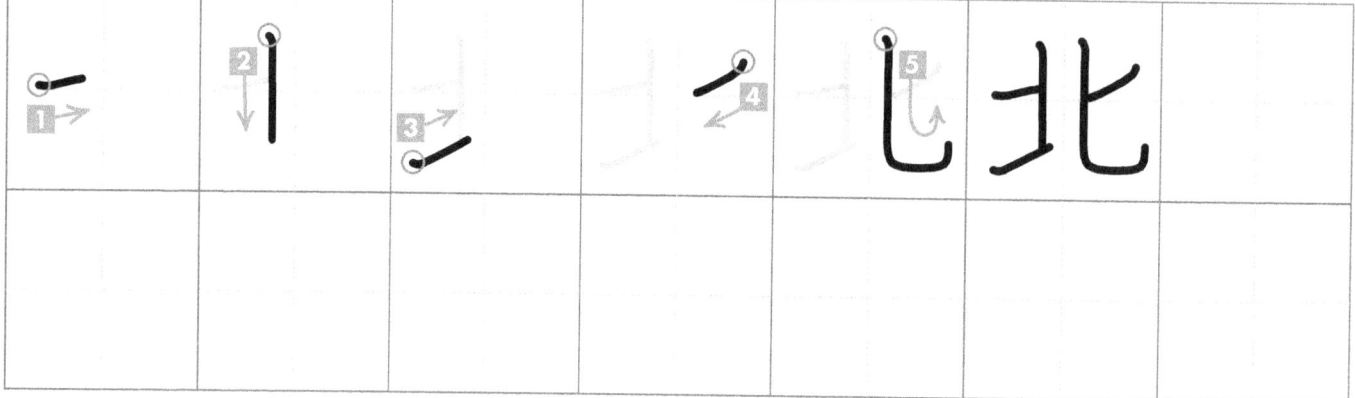

ÜBUNG

Zeichnet und übt dieses Kanji unten

STILE 北 北 北 北 北 北 北 北

KANJI #	RADIKAL	STRICHE	BEDEUTUNG	UNICODE
0610	十	4		5348

Mittag, Pferd (Sternzeichen)

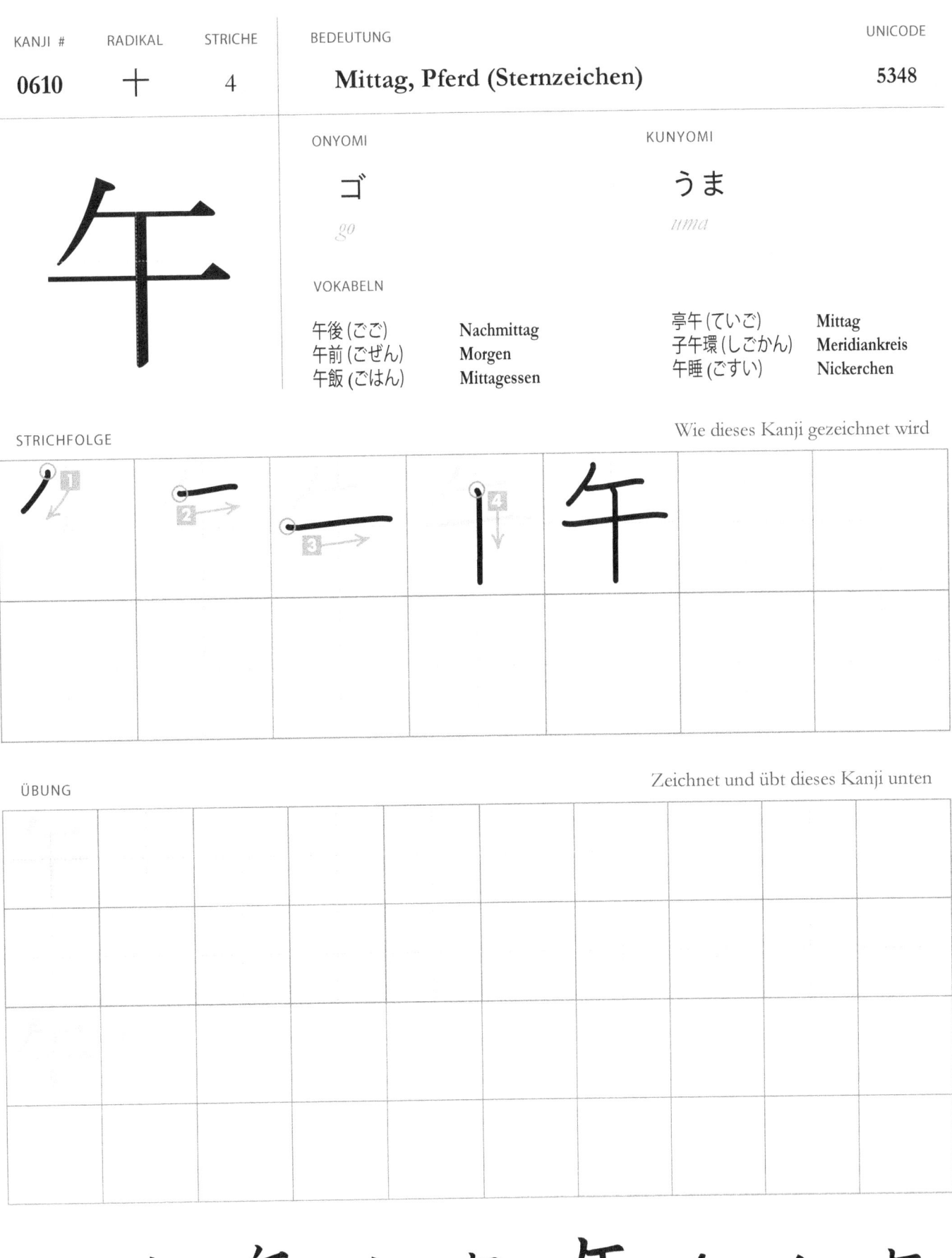

ONYOMI

ゴ
go

KUNYOMI

うま
uma

VOKABELN

午後 (ごご)   Nachmittag
午前 (ごぜん)   Morgen
午飯 (ごはん)   Mittagessen

亭午 (ていご)   Mittag
子午環 (しごかん)   Meridiankreis
午睡 (ごすい)   Nickerchen

STRICHFOLGE

Wie dieses Kanji gezeichnet wird

ÜBUNG

Zeichnet und übt dieses Kanji unten

STILE   午 午 午 午 午 午 午 午

百

ONYOMI

ヒャク、ビャク

hyaku, byaku

KUNYOMI

もも

momo

VOKABELN

百万 (ひゃくまん) **eine Million**
百姓 (ひゃくしょう) Bauer, allgemeines Volk
百年 (ひゃくねん) **Jahrhundert**

何百 (なんびゃく) **hunderte**
二百 (にひゃく) **zweihundert**
四百 (よんひゃく) **vierhundert**

STRICHFOLGE

Wie dieses Kanji gezeichnet wird

ÜBUNG

Zeichnet und übt dieses Kanji unten

STILE 百 百 百 百 百 百 百 百

KANJI #	RADIKAL	STRICHE	BEDEUTUNG	UNICODE
0349	曰	10	**schreiben**	**66F8**

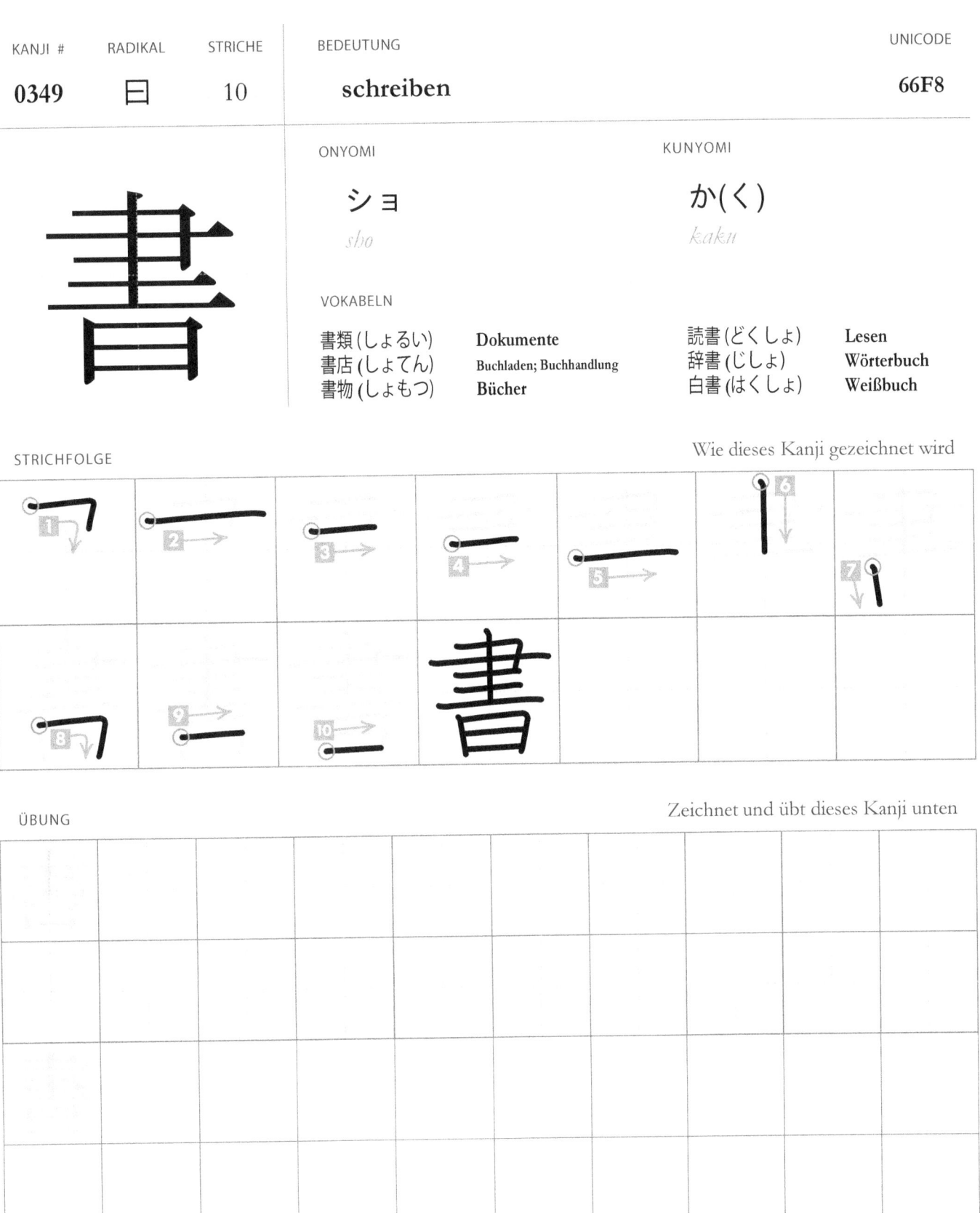

ONYOMI

ショ
sho

KUNYOMI

か(く)
kaku

VOKABELN

書類 (しょるい) — **Dokumente**
書店 (しょてん) — Buchladen; Buchhandlung
書物 (しょもつ) — **Bücher**

読書 (どくしょ) — **Lesen**
辞書 (じしょ) — **Wörterbuch**
白書 (はくしょ) — **Weißbuch**

STRICHFOLGE

Wie dieses Kanji gezeichnet wird

ÜBUNG

Zeichnet und übt dieses Kanji unten

STILE

書　書　書　書　書　書　書　書

173

KANJI #	RADIKAL	STRICHE	BEDEUTUNG	UNICODE
0263	儿	6	vorhin, voran, vorher, zukünftig, Vorrang	5148

先

ONYOMI

セン

sen

KUNYOMI

さき、ま(ず)

saki, ma(zu)

VOKABELN

先生 (せんせい)	Lehrer*in; Meister	出先 (でさき)	Ort, an den jmd. gegangen ist.
先月 (せんげつ)	letzter Monat	目先 (めさき)	nahe Zukunft
先祖 (せんぞ)	Vorfahre		

STRICHFOLGE

Wie dieses Kanji gezeichnet wird

ÜBUNG

Zeichnet und übt dieses Kanji unten

STILE　　先　先　先　先　先　先　先　先

174

名

ONYOMI

メイ、ミョウ

mei, myou

KUNYOMI

な

na

VOKABELN

名人 (めいじん)   Meister; Experte
名字 (みょうじ)   Nachname
名作 (めいさく)   Meisterwerk

有名 (ゆうめい)   berühmt
本名 (ほんみょう)   richtiger Name
題名 (だいめい)   Titel

STRICHFOLGE

Wie dieses Kanji gezeichnet wird

ÜBUNG

Zeichnet und übt dieses Kanji unten

STILE   名 名 名 名 名 名 名 名

KANJI #	RADIKAL	STRICHE	BEDEUTUNG	UNICODE
0134	巛	3	**Fluss, Bach**	**5DDD**

川

ONYOMI	KUNYOMI
セン	**かわ**
sen	*kawa*

VOKABELN

川口 (かわぐち)	**Flussmündung**	河川 (かせん)	**Flüsse**
川端 (かわばた)	**Flussufer**	谷川 (たにがわ)	**Gebirgsbach**
川下 (かわしも)	**Unterlauf**	大川 (おおかわ)	**großer Fluss; Strom**

STRICHFOLGE Wie dieses Kanji gezeichnet wird

ÜBUNG Zeichnet und übt dieses Kanji unten

STILE 川 川 川 川 川 川 川 川

KANJI #	RADIKAL	STRICHE	BEDEUTUNG		UNICODE
0040	十	3	**tausend**		**5343**

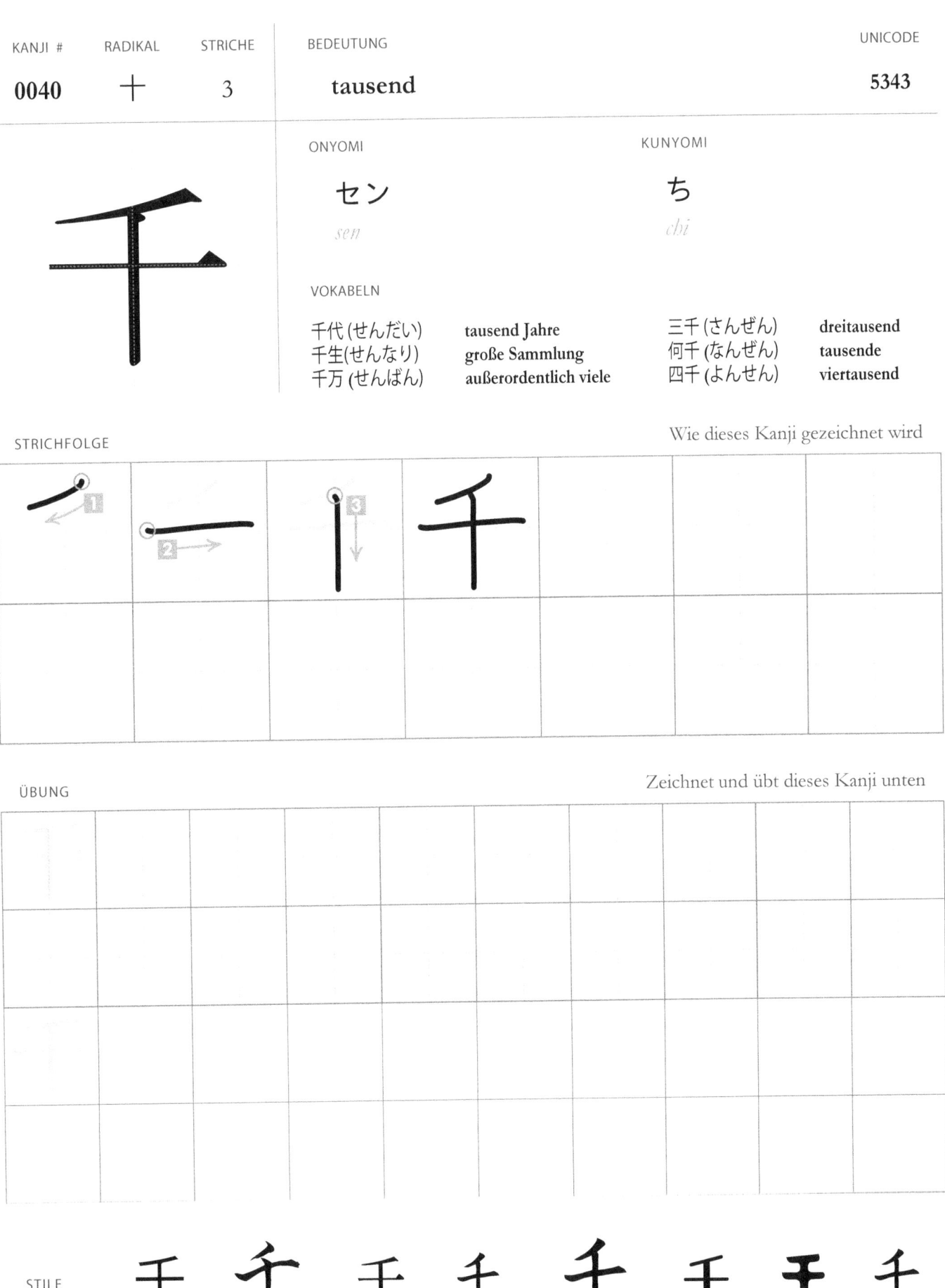

ONYOMI

セン
sen

KUNYOMI

ち
chi

VOKABELN

千代 (せんだい)	tausend Jahre	三千 (さんぜん)	dreitausend
千生 (せんなり)	große Sammlung	何千 (なんぜん)	tausende
千万 (せんばん)	außerordentlich viele	四千 (よんせん)	viertausend

STRICHFOLGE   Wie dieses Kanji gezeichnet wird

ÜBUNG   Zeichnet und übt dieses Kanji unten

STILE   千 千 千 千 千 千 千 千

KANJI #	RADIKAL	STRICHE	BEDEUTUNG	UNICODE
0137	水	4	**Wasser**	**6C34**

ONYOMI

スイ
sui

KUNYOMI

みず
mizu

VOKABELN

水道 (すいどう)	**Wasserversorgung**	下水 (げすい)	**Kanalisation**
水泳 (すいえい)	**Schwimmen**	洪水 (こうずい)	**Überschwemmung**
水中 (すいちゅう)	**unter Wasser**	海水 (かいすい)	**Meerwasser**

STRICHFOLGE

Wie dieses Kanji gezeichnet wird

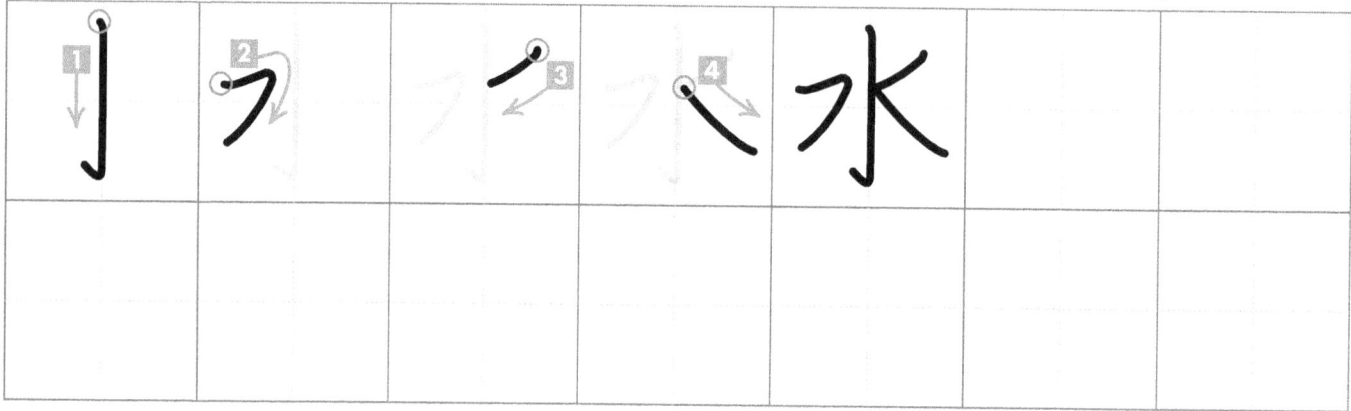

ÜBUNG

Zeichnet und übt dieses Kanji unten

STILE 水 水 水 水 水 水 水 水

半

ONYOMI

ハン
han

KUNYOMI

なか(ば)
naka(ba)

VOKABELN

半年 (はんとし)　　ein halbes Jahr
半島 (はんとう)　　Halbinsel
半径 (はんけい)　　Radius

大半 (たいはん)　　Mehrzahl
後半 (こうはん)　　die zweite Hälfte
前半 (ぜんはん)　　die erste Hälfte

STRICHFOLGE

Wie dieses Kanji gezeichnet wird

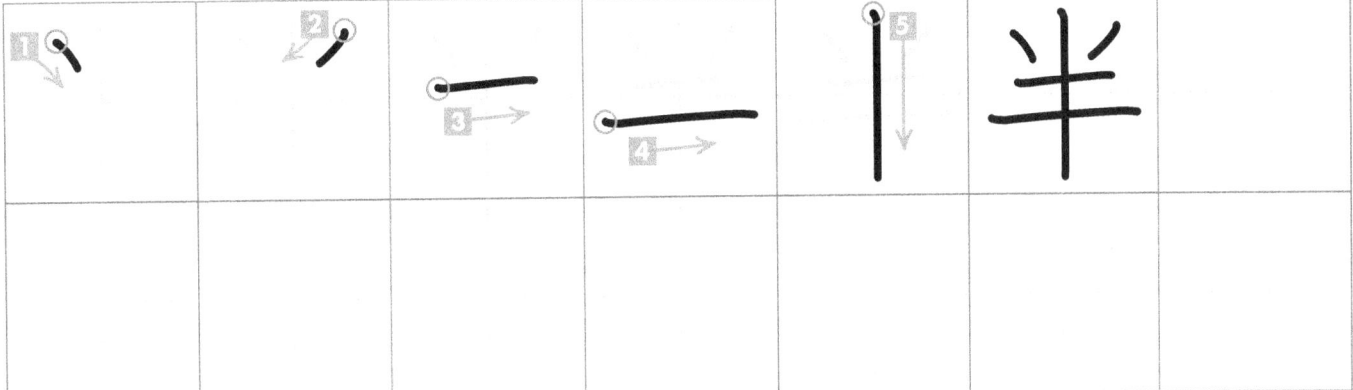

ÜBUNG

Zeichnet und übt dieses Kanji unten

STILE　　半　半　半　半　半　半　半　半

KANJI #	RADIKAL	STRICHE	BEDEUTUNG	UNICODE
0923	田	7	**Mann**	7537

男

ONYOMI

ダン、ナン

dan, nan

KUNYOMI

おとこ、お

otoko, o

VOKABELN

男子 (だんし) — **Junge; junger Mann**
男前 (おとこまえ) — **gut aussehender Mann**
男優 (だんゆう) — **Schauspieler**

長男 (ちょうなん) — **ältester Sohn**
三男 (さんなん) — **drei Söhne**
次男 (じなん) — **der zweitälteste Sohn**

STRICHFOLGE

Wie dieses Kanji gezeichnet wird

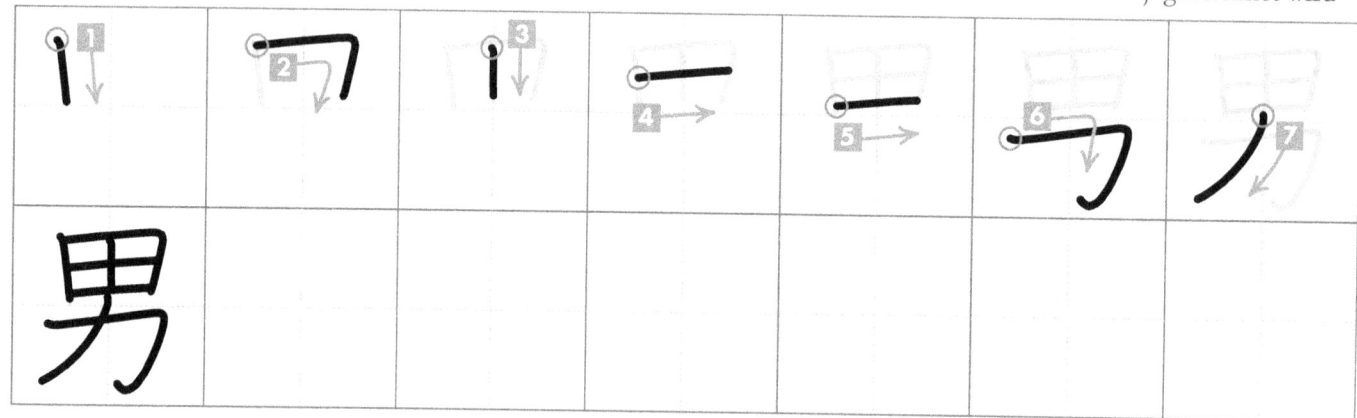

ÜBUNG

Zeichnet und übt dieses Kanji unten

STILE 男 男 男 男 男 男 男 男

ONYOMI

セイ、サイ
sei, sai

KUNYOMI

にし
nishi

VOKABELN

西南 (せいなん)	**Südwesten**	東西 (とうざい)	**Ost und West**
西口 (にしぐち)	**Westeingang**	北西 (ほくせい)	**Nordwesten**
西北 (せいほく)	**Nordwesten**	南西 (なんせい)	**Südwesten**

STRICHFOLGE

Wie dieses Kanji gezeichnet wird

ÜBUNG

Zeichnet und übt dieses Kanji unten

STILE 西 西 西 西 西 西 西 西

KANJI #	RADICAL	STRICHE	BEDEUTUNG	UNICODE
0574	雨	13	Elektrizität, elektrisch betrieben	96FB

電

ONYOMI

デン

den

VOKABELN

電車 (でんしゃ)　elektrischer Zug
電話 (でんわ)　Telefonat
電力 (でんりょく)　elektrische Energie

終電 (しゅうでん)　letzter Zug
外電 (がいでん)　Auslandstelegramm
送電 (そうでん)　Stromversorgung

STRICHFOLGE　　　　　　　　　　　　　Wie dieses Kanji gezeichnet wird

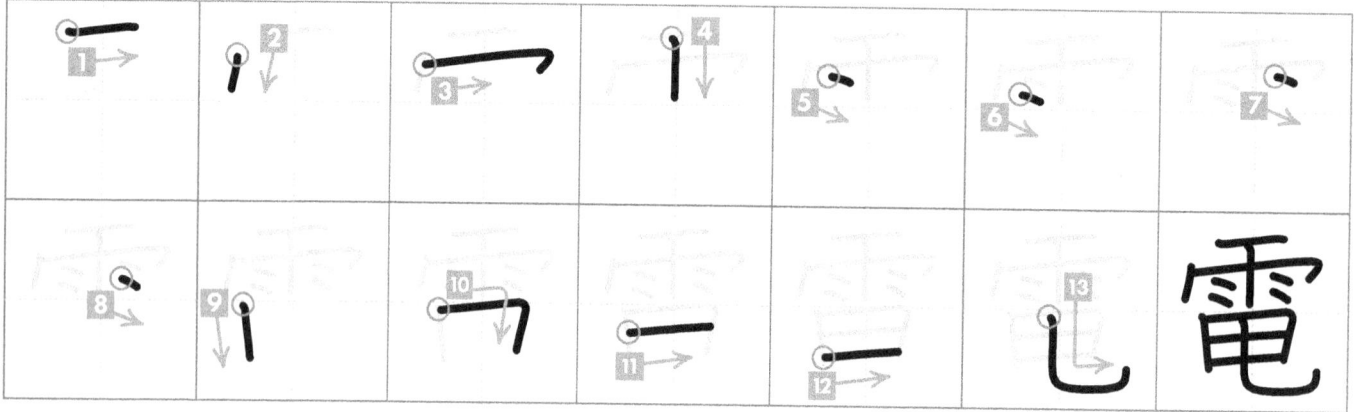

ÜBUNG　　　　　　　　　　　　　Zeichnet und übt dieses Kanji unten

STILE　　電　電　電　電　電　電　電　電

KANJI #	RADIKAL	STRICHE	BEDEUTUNG	UNICODE
1371	木	10	**Schule**	**6821**

コウ
kou

VOKABELN

校長 (こうちょう)　Schulleiter
校舎 (こうしゃ)　Schulgebäude
校庭 (こうてい)　Schulhof

母校 (ぼこう)　Alma Mater
登校 (とうこう)　Schulbesuch
分校 (ぶんこう)　Zweigschule

STRICHFOLGE

Wie dieses Kanji gezeichnet wird

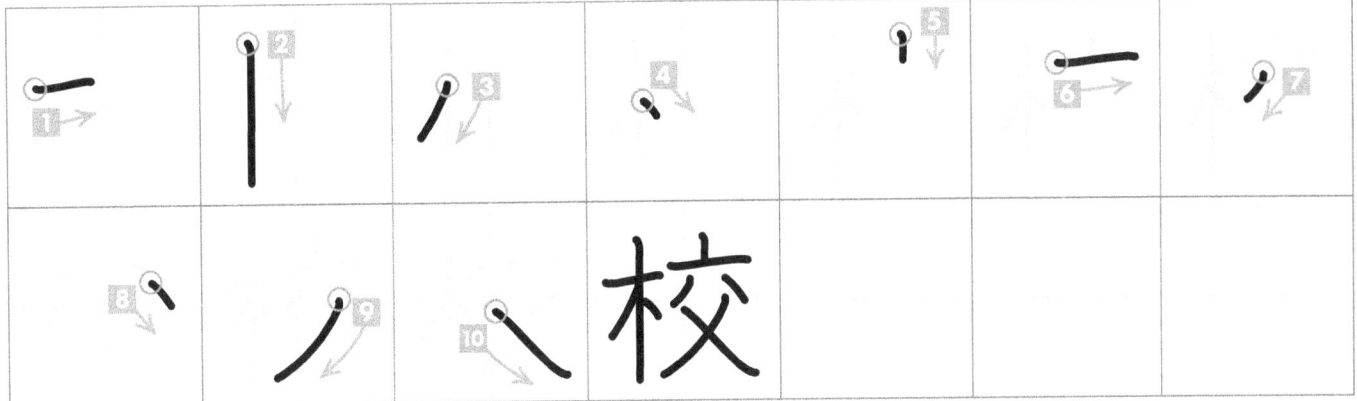

ÜBUNG

Zeichnet und übt dieses Kanji unten

STILE　校　校　校　校　校　校　校　校

KANJI #	RADIKAL	STRICHE	BEDEUTUNG	UNICODE
0371	言	14	**Wort, Sprache**	**8A9E**

語

ONYOMI

ゴ
go

KUNYOMI

かた(る)
kata(ru)

VOKABELN

語学 (ごがく)　　Sprachstudium
語句 (ごく)　　　Wörter; Ausdrücke
語気 (ごき)　　　Redeweise

用語 (ようご)　　Fachausdruck;
　　　　　　　　Terminologie
物語 (ものがたり)　Erzählung; Geschichte
国語 (こくご)　　Landessprache

STRICHFOLGE

Wie dieses Kanji gezeichnet wird

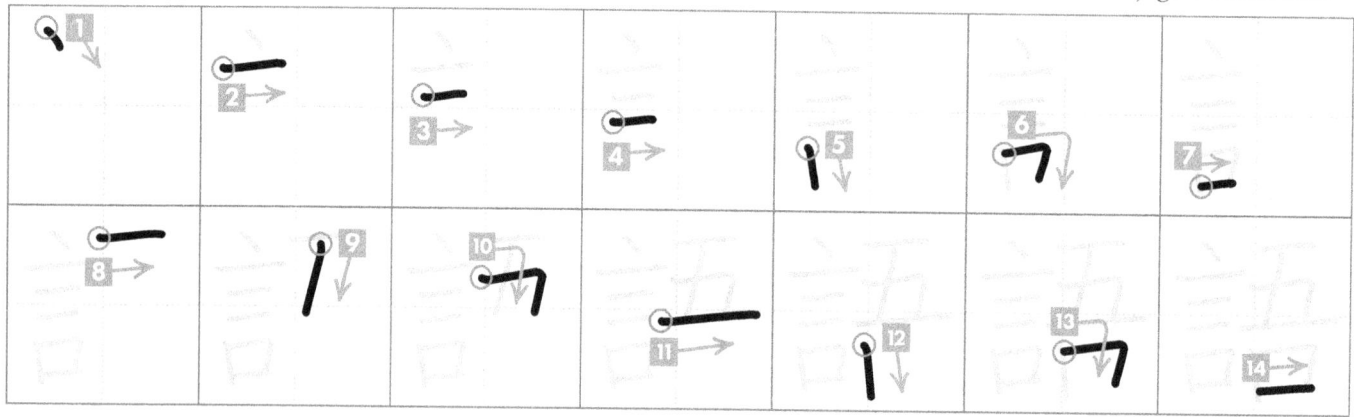

ÜBUNG

Zeichnet und übt dieses Kanji unten

STILE　　語 語 語 語 語 語 語 語

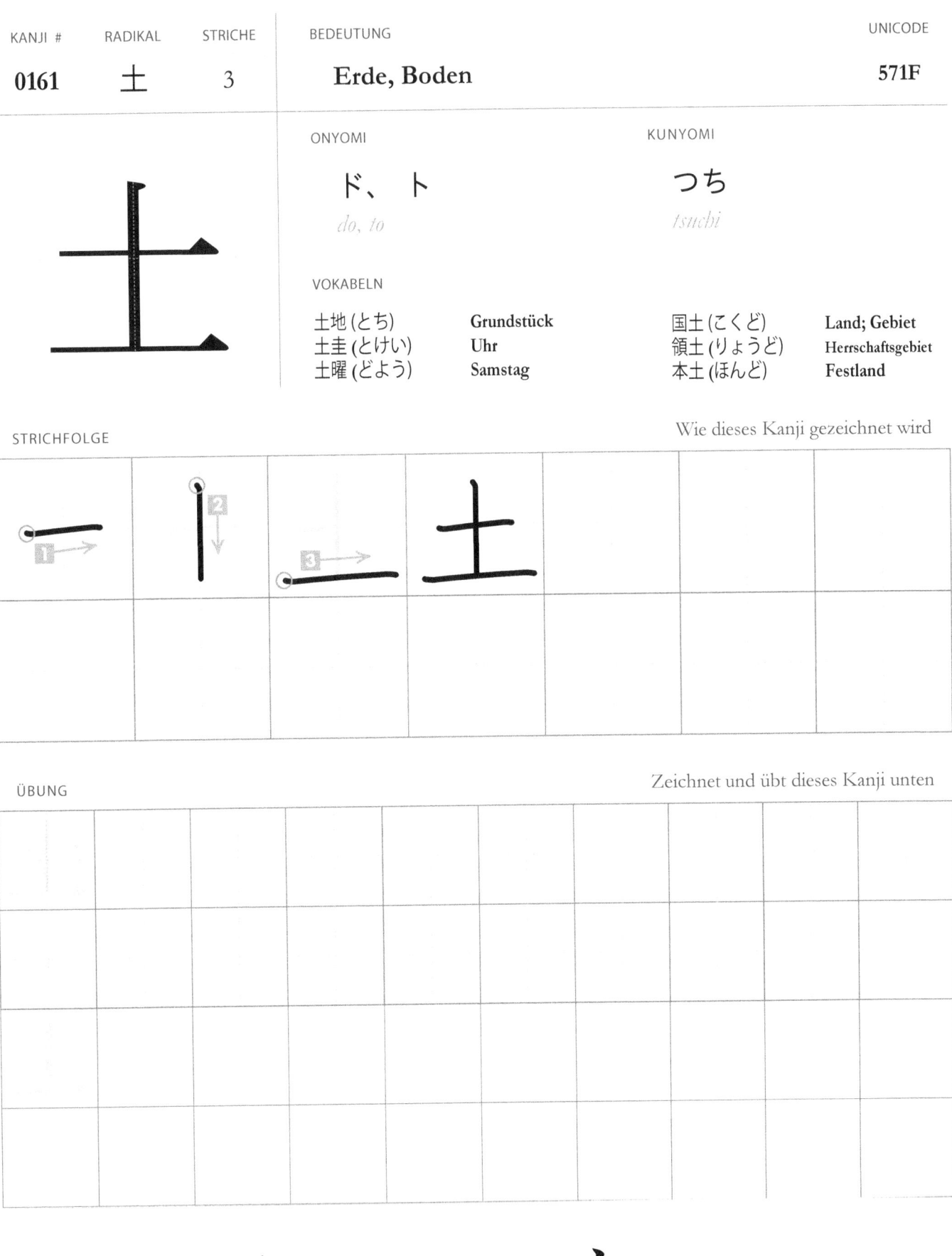

KANJI #	RADIKAL	STRICHE	BEDEUTUNG	UNICODE
0161	土	3	**Erde, Boden**	**571F**

ONYOMI

ド、ト

do, to

KUNYOMI

つち

tsuchi

VOKABELN

土地 (とち)	Grundstück	国土 (こくど)	Land; Gebiet
土圭 (とけい)	Uhr	領土 (りょうど)	Herrschaftsgebiet
土曜 (どよう)	Samstag	本土 (ほんど)	Festland

STRICHFOLGE

Wie dieses Kanji gezeichnet wird

ÜBUNG

Zeichnet und übt dieses Kanji unten

STILE 土 土 土 土 土 土 土 土

ONYOMI

ボク、モク
boku, moku

KUNYOMI

き、こ-
ki, ko

VOKABELN

木曜 (もくよう)	Donnerstag	土木 (どぼく)	Bau
木材 (もくざい)	Bauholz; Nutzholz	大木 (たいぼく)	großer Baum
木立 (こだち)	Baumgruppe	並木 (なみき)	Baumreihe

STRICHFOLGE

Wie dieses Kanji gezeichnet wird

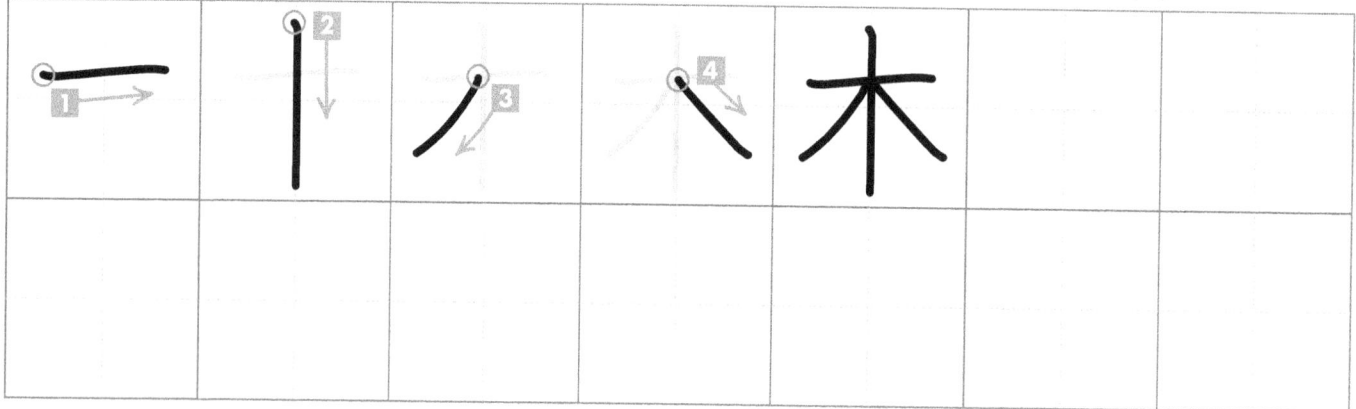

ÜBUNG

Zeichnet und übt dieses Kanji unten

STILE 木 木 木 木 木 木 木 木

KANJI #	RADIKAL	STRICHE	BEDEUTUNG	UNICODE
1754	耳	14	**hören, zuhören, fragen**	**805E**

聞

ONYOMI

ブン、モン
bun, mon

KUNYOMI

き(く)
ki(ku)

VOKABELN

聞く (き)　　　hören; zuhören
聞き (き)　　　Hören
聞ゆる (きこ)　berühmt; gefeiert

新聞 (しんぶん)　Zeitung
見聞 (けんぶん)　Kenntnis
聴聞 (ちょうもん)　Zuhören; Hören

STRICHFOLGE

Wie dieses Kanji gezeichnet wird

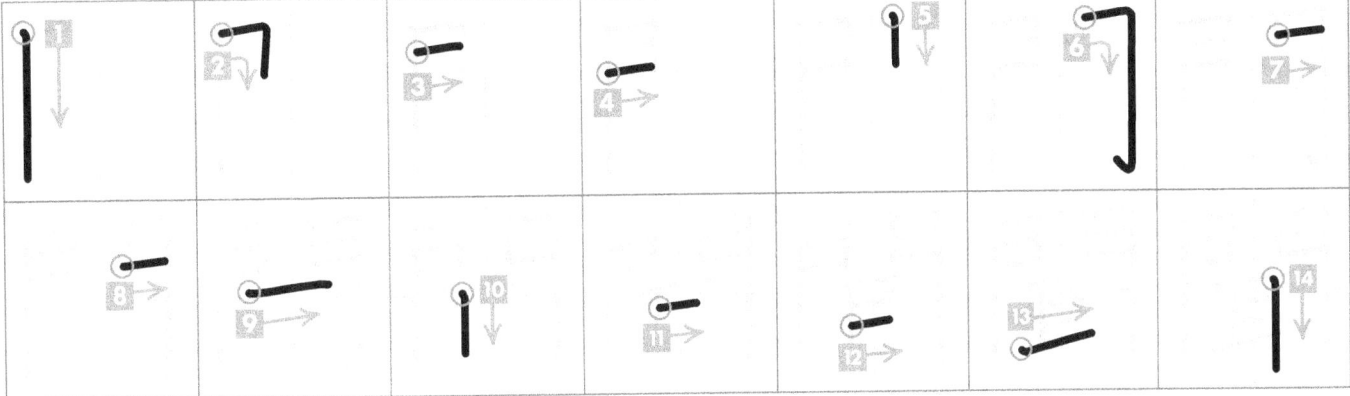

ÜBUNG

Zeichnet und übt dieses Kanji unten

STILE　　聞 聞 聞 聞 聞 聞 聞 聞

KANJI #	RADIKAL	STRICHE	BEDEUTUNG		UNICODE
1582	食	9	**essen, Essen**		**98DF**

食

ONYOMI

ショク、ジキ

shoku, jiki

KUNYOMI

く(う)、 た(べる)、
は(む)

k(u), ta(beru), ha(mu)

VOKABELN

食事 (しょくじ)　　Mahlzeit
食品 (しょくひん)　Lebensmittel
食堂 (しょくどう)　Esszimmer

夕食 (ゆうしょく)　Abendessen
昼食 (ちゅうしょく)　Mittagessen
朝食 (ちょうしょく)　Frühstück

STRICHFOLGE

Wie dieses Kanji gezeichnet wird

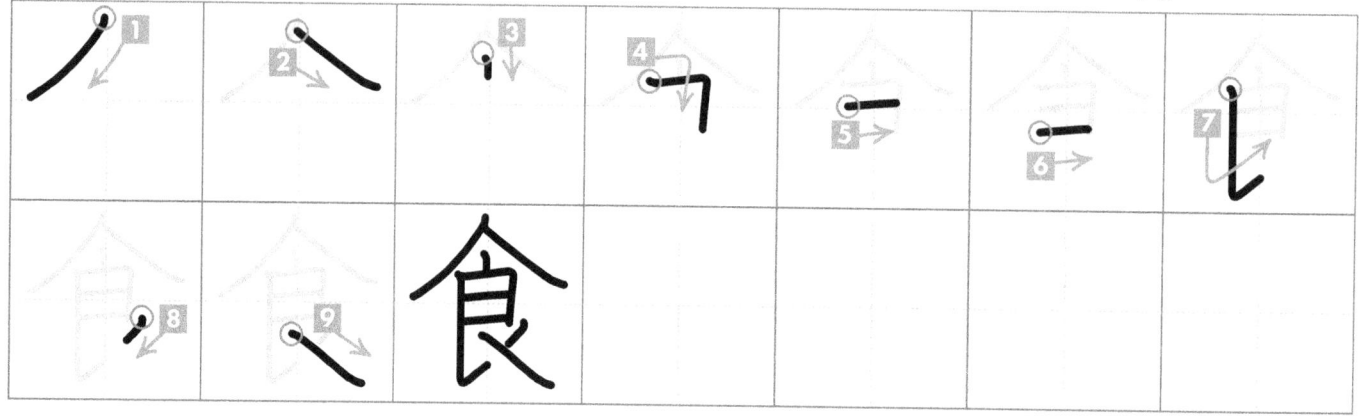

ÜBUNG

Zeichnet und übt dieses Kanji unten

STILE　食　食　食　食　食　食　食　食

KANJI #	RADIKAL	STRICHE	BEDEUTUNG	UNICODE
0304	車	7	**Auto, Rad**	**8ECA**

ONYOMI

シャ
sha

KUNYOMI

くるま
kuruma

VOKABELN

車輪 (しゃりん)   (Wagen)rad
車庫 (しゃこ)   Garage; Carport
車内 (しゃない)   in einem Zug, Auto, etc.

電車 (でんしゃ)   Zug; elektrischer Zug
自動車 (じどうしゃ)   Automobil
駐車 (ちゅうしゃ)   Parken

STRICHFOLGE

Wie dieses Kanji gezeichnet wird

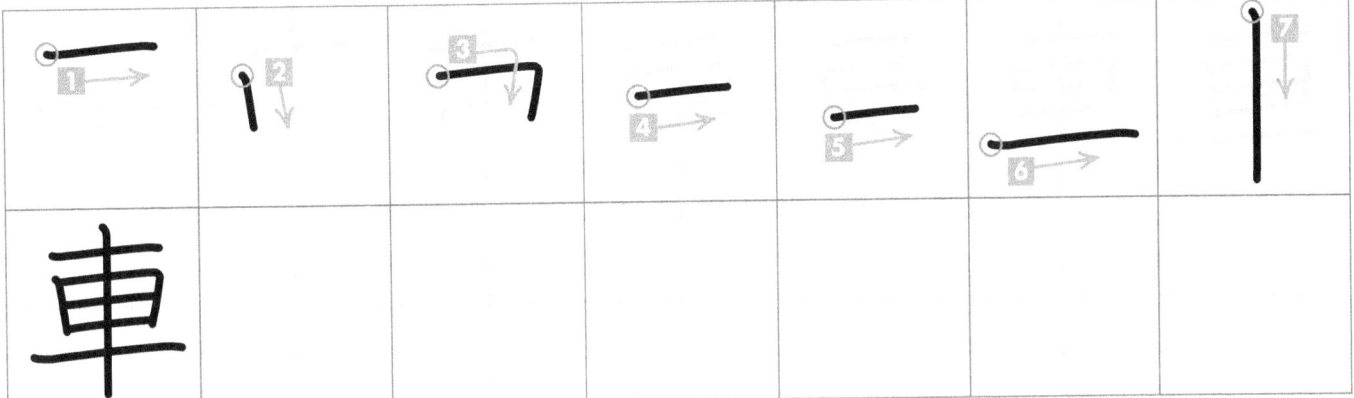

ÜBUNG

Zeichnet und übt dieses Kanji unten

STILE   車 車 車 車 車 車 車 車

KANJI #	RADIKAL	STRICHE	BEDEUTUNG	UNICODE
1087	人	7	**was**	**4F55**

何

ONYOMI

カ

ka

KUNYOMI

なに、なん

nani, nan

VOKABELN

何時 (いつ)	wann; wie bald	如何 (どう)	etwas
何処 (どこ)	wo; welcher Ort	幾何 (きか)	Geometrie
何か (なに)	etwas	何々 (なになに)	Was ist los?

STRICHFOLGE

Wie dieses Kanji gezeichnet wird

何

ÜBUNG

Zeichnet und übt dieses Kanji unten

STILE 何 何 何 何 何 何 何

190

南

ONYOMI

ナン、ナ

nan, na

KUNYOMI

みなみ

minami

VOKABELN

南北 (なんぼく)   Nord und Süd
南西 (なんせい)   Südwesten
南東 (なんとう)   Südosten

東南 (とうなん)   Südosten
西南 (せいなん)   Südwesten
真南 (まみなみ)   genau südliche Richtung

STRICHFOLGE

Wie dieses Kanji gezeichnet wird

ÜBUNG

Zeichnet und übt dieses Kanji unten

STILE

南　南　南　南　南　南　南　南

KANJI #	RADIKAL	STRICHE	BEDEUTUNG	UNICODE
0068	一	3	**zehntausend, 10.000**	4E07

万

ONYOMI

マン、バン
man, ban

VOKABELN

万一 (まんいち)   **Notfall**   百万 (ひゃくまん)   **eine Million**
万人 (ばんにん)   **alle Menschen; jeder**   十万 (じゅうまん)   **hunderttausend**
万能 (ばんのう)   **Allzweck-; Hilfsmittel**   億万 (おくまん)   **Abermillionen**

STRICHFOLGE   Wie dieses Kanji gezeichnet wird

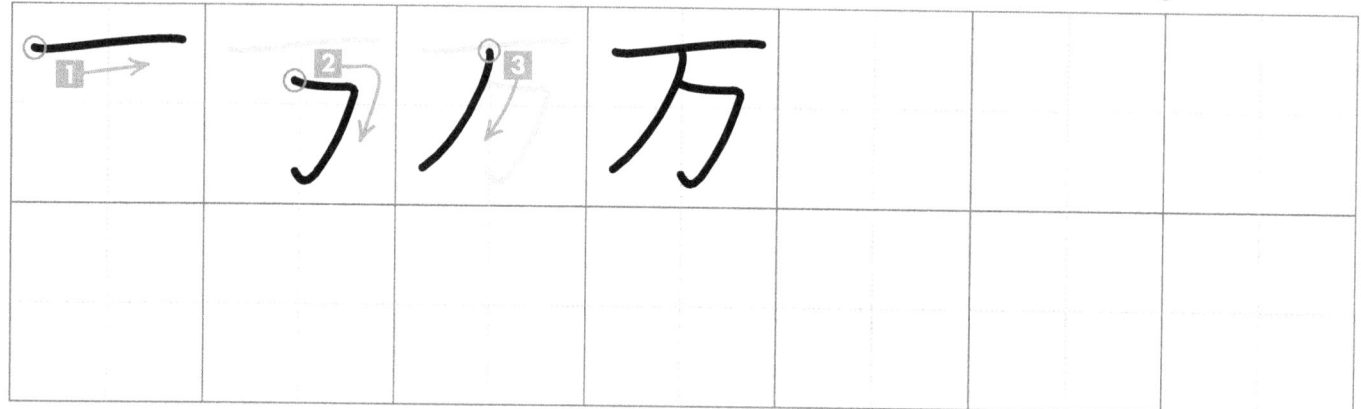

ÜBUNG   Zeichnet und übt dieses Kanji unten

STILE   万   万   万   万   万   万   万   万

0497	毋	6	**jede(r, -s)**	**6BCE**

毎

ONYOMI

マイ

mai

KUNYOMI

ごと(に)

goto(ni)

VOKABELN

毎日 (まいにち)	jeden Tag		丸毎 (まるごと)	ganz
毎月 (まいつき)	jeden Monat		人毎 (ひとごと)	mit jeder Person
毎年 (まいとし)	jedes Jahr		毎回 (まいかい)	jedes Mal

STRICHFOLGE

Wie dieses Kanji gezeichnet wird

ÜBUNG

Zeichnet und übt dieses Kanji unten

STILE

毎 毎 毎 毎 毎 毎 毎 毎

KANJI #	RADIKAL	STRICHE	BEDEUTUNG		UNICODE
0037	白	5	**weiß**		**767D**

白

ONYOMI
ハク、ビャク
haku, byaku

KUNYOMI
しろ(い)
shiro(i)

VOKABELN

白書 (はくしょ)　Weißbuch
白銀 (しろがね)　Silber (Ag)
白髪 (しらが)　weißes Haar; graues Haar

告白 (こくはく)　Geständnis
真っ白 (まっしろ)　reines Weiß; leer
空白 (くうはく)　Leerstelle

STRICHFOLGE
Wie dieses Kanji gezeichnet wird

ÜBUNG
Zeichnet und übt dieses Kanji unten

STILE　白　白　白　白　白　白　白　白

KANJI #	RADIKAL	STRICHE	BEDEUTUNG	UNICODE
0457	大	4	**Himmel, kaiserlich**	5929

ONYOMI

テン

ten

KUNYOMI

あまつ, あめ, てん

amatsu, ame, ama

VOKABELN

天気 (てんき) **Wetter**
天国 (てんごく) **Paradies; Himmel**
天井 (てんじょう) **Decke; Höchstpreis**

雨天 (うてん) **Regenwetter**
楽天 (らくてん) **Optimismus**
炎天 (えんてん) **glühende Hitze**

STRICHFOLGE

Wie dieses Kanji gezeichnet wird

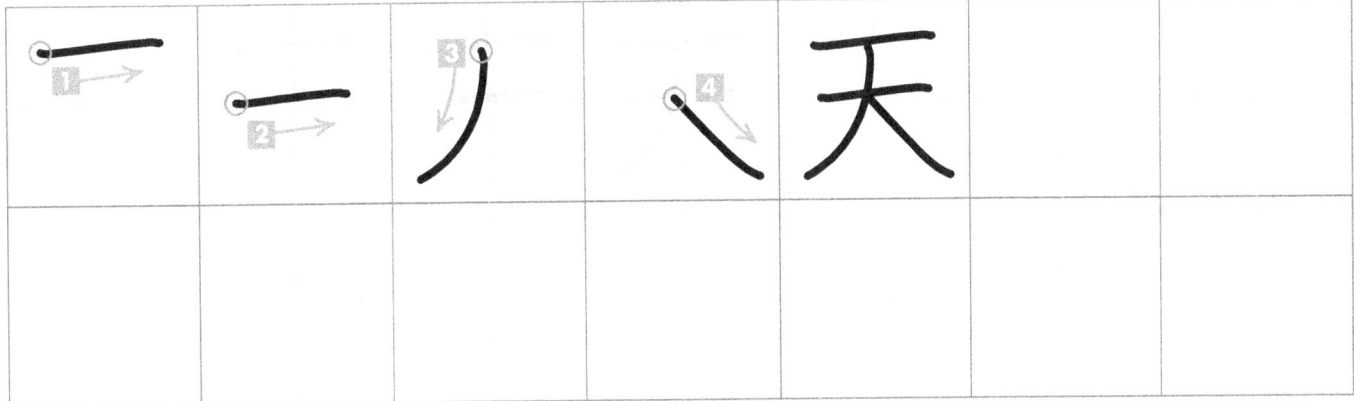

ÜBUNG

Zeichnet und übt dieses Kanji unten

STILE 天 天 天 天 天 天 天 天

195

KANJI #	RADIKAL	STRICHE	BEDEUTUNG	UNICODE
0105	母	5	**Mutter**	**6BCD**

ONYOMI

ボ

bo

KUNYOMI

はは、かあ

haha, kaa

VOKABELN

母校 (ぼこう)   **Alma Mater**
母子 (ぼし)   **Mutter und Kind**
母国 (ぼこく)   **das eigene Heimatland**

祖母 (そぼ)   **Großmutter**
父母 (ふぼ)   **Vater und Mutter**
分母 (ぶんぼ)   **Nenner**

STRICHFOLGE

Wie dieses Kanji gezeichnet wird

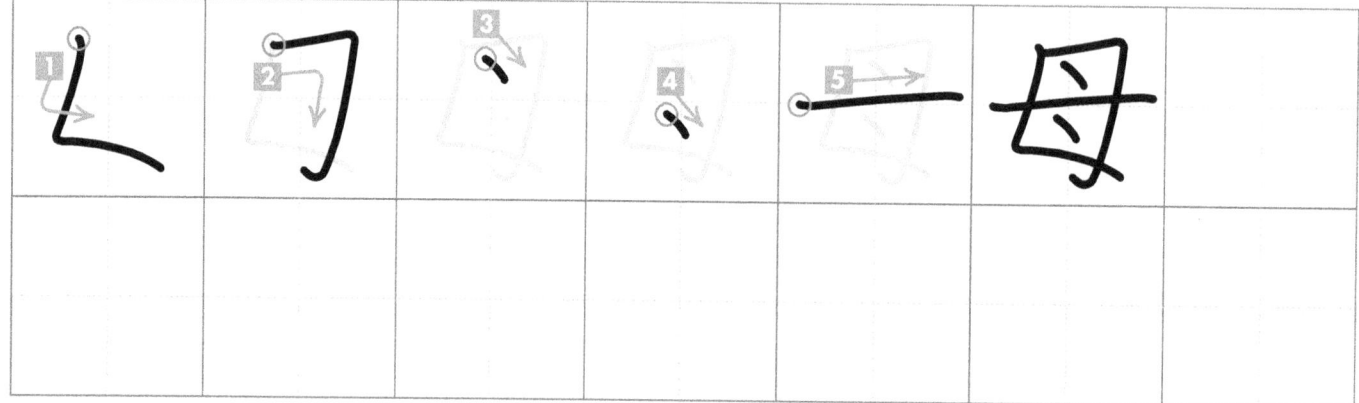

ÜBUNG

Zeichnet und übt dieses Kanji unten

STILE

母 母 母 母 母 母 母 母

196

火

ONYOMI

カ
ka

KUNYOMI

ひ、 -び、 ほ-
hi, bi, ho

VOKABELN

火山 (かざん) Vulkan
火曜 (かよう) Dienstag
火星 (かせい) Mars (Planet)

花火 (はなび) Feuerwerk
灯火 (あかり) Licht; Schein
噴火 (ふんか) Eruption

STRICHFOLGE

Wie dieses Kanji gezeichnet wird

ÜBUNG

Zeichnet und übt dieses Kanji unten

STILE

火　火　火　火　火　火　火　火

KANJI #	RADIKAL	STRICHE	BEDEUTUNG		UNICODE
0082	口	5	**rechts**		**53F3**

右

ONYOMI
ウ、ユウ
u, yuu

KUNYOMI
みぎ
migi

VOKABELN

右手 (みぎて)	rechte Hand	左右 (さゆう)	links und rechts
右翼 (うよく)	rechts (Politik)	上右 (うえみぎ)	oben rechts
右舷 (うげん)	Steuerbord	下右 (したみぎ)	unten rechts

STRICHFOLGE
Wie dieses Kanji gezeichnet wird

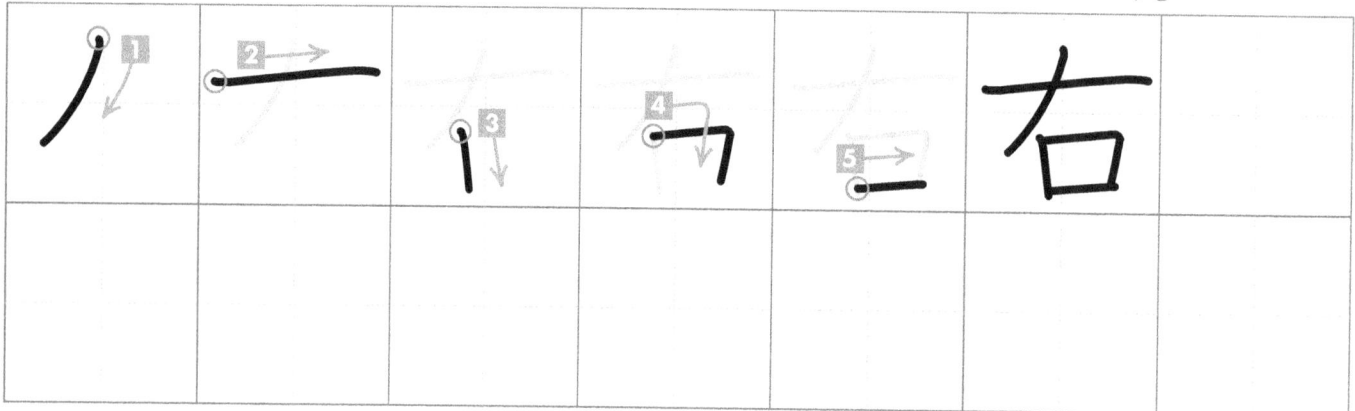

ÜBUNG
Zeichnet und übt dieses Kanji unten

STILE   右 右 右 右 右 右 右 右

KANJI #	RADIKAL	STRICHE	BEDEUTUNG	UNICODE
0372	言	14	**lesen**	**8AAD**

読

ONYOMI

ドク、トク、トウ
doku, toku, tou

KUNYOMI

よ(む)
yo(mu)

VOKABELN

読書 (どくしょ)　Lesen
読者 (どくしゃ)　Leser
読本 (とくほん)　Lesebuch

一読 (いちどく)　einmaliges Durchlesen
解読 (かいどく)　**Entzifferung**
下読 (したよみ)　**Probe**
　　　　　　　(eines Theaterstücks)

STRICHFOLGE

Wie dieses Kanji gezeichnet wird

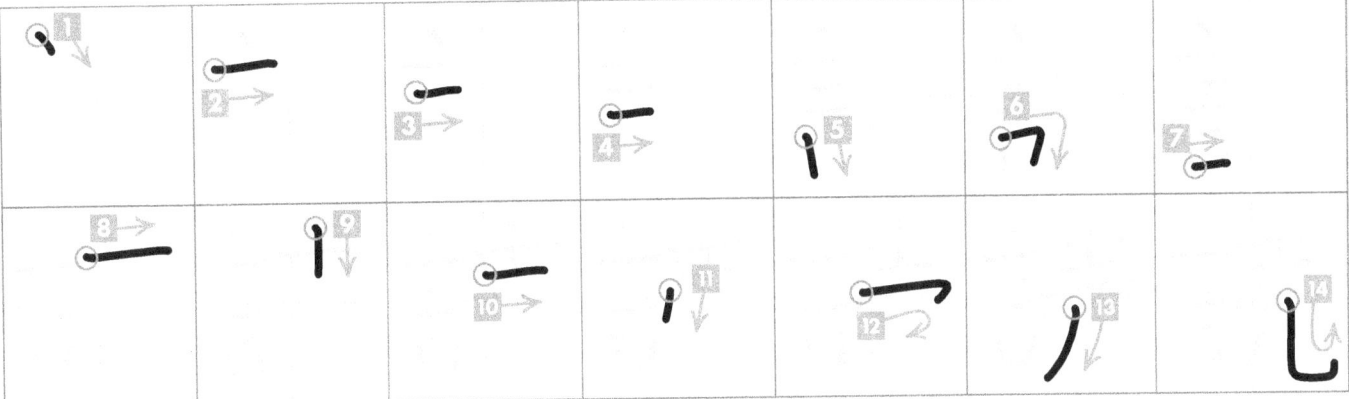

ÜBUNG

Zeichnet und übt dieses Kanji unten

STILE　　読　読　読　読　読　読　読　読

KANJI #	RADIKAL	STRICHE	BEDEUTUNG	UNICODE
0760	又	4	Freund*in	53CB

友

ONYOMI

ユウ
yuu

KUNYOMI

とも
tomo

VOKABELN

友好 (ゆうこう)　　Freundschaft
友愛 (ゆうあい)　　Brüderlichkeit
友邦 (ゆうほう)　　befreundetes Land

親友 (しんゆう)　　enge*r Freund*in
学友 (がくゆう)　　Schulfreund*in
校友 (こうゆう)　　Klassenkamerad*in

STRICHFOLGE　　　　　　　　　　　　　Wie dieses Kanji gezeichnet wird

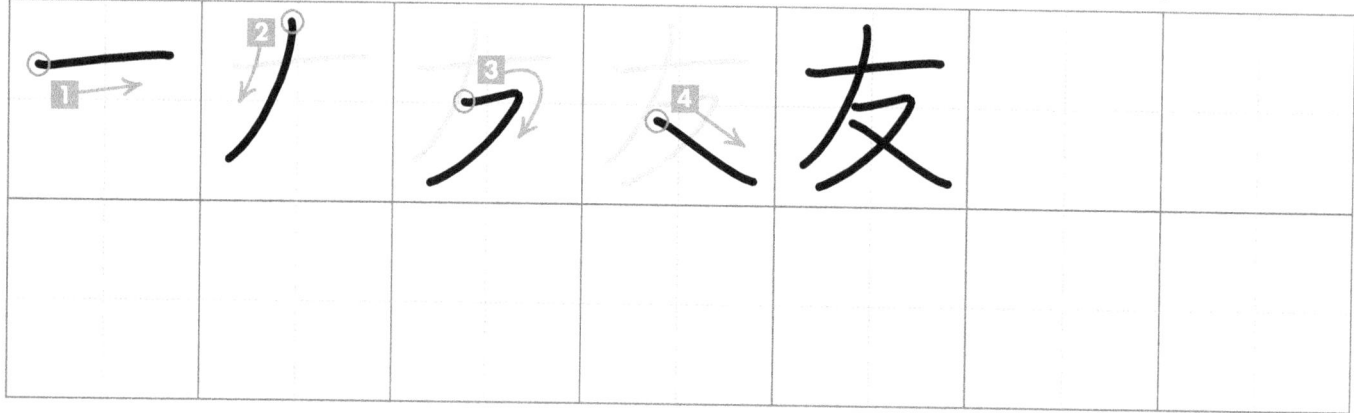

ÜBUNG　　　　　　　　　　　　　Zeichnet und übt dieses Kanji unten

STILE　　友　友　友　友　友　友　友　友

KANJI #	RADIKAL	STRICHE	BEDEUTUNG		UNICODE
0081	工	5	**links**		**5DE6**

左

ONYOMI

サ、シャ
sa, sha

KUNYOMI

ひだり
hidari

VOKABELN

左右 (さゆう)　　links und rechts
左手 (ひだりて)　linke Hand
左腕 (さわん)　　linker Arm

上左 (うえひだり)　oben links
下左 (したひだり)　unten links
極左 (きょくさ)　　extreme Linke

STRICHFOLGE

Wie dieses Kanji gezeichnet wird

ÜBUNG

Zeichnet und übt dieses Kanji unten

STILE

左 左 左 左 左 左 左 左

KANJI #	RADIKAL	STRICHE	BEDEUTUNG		UNICODE
1038	人	6	**Pause, freier Tag, zu Bett gehen, schlafen**		**4F11**

休

ONYOMI

キュウ

kyuu

KUNYOMI

やす(む)

yasu(mu)

VOKABELN

休む (やす)　　　abwesend sein
休日 (きゅうじつ)　Feiertag; arbeitsfreier Tag
休止 (きゅうし)　 **Pause; Beendigung**

連休 (れんきゅう)　aufeinanderfolgende
　　　　　　　　　Feiertage
週休 (しゅうきゅう) freier Tag in der
　　　　　　　　　Woche.
運休 (うんきゅう)　Dienst eingestellt

STRICHFOLGE

Wie dieses Kanji gezeichnet wird

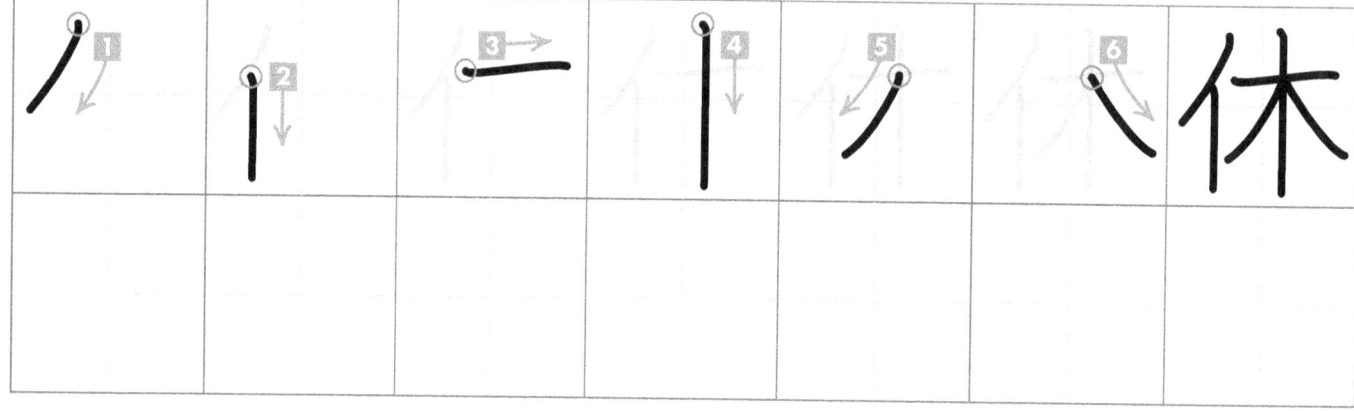

ÜBUNG

Zeichnet und übt dieses Kanji unten

STILE　　休　休　休　休　休　休　休　休

父

ONYOMI

フ
fu

KUNYOMI

ちち、とう
chichi, tou

VOKABELN

父母 (ふぼ)	Vater und Mutter	祖父 (そふ)	Großvater
父子 (ふし)	Vater und Kind	伯父 (おじ)	Onkel
父兄 (ふけい)	Erziehungsberechtigte	親父 (おやじ)	der eigene Vater

STRICHFOLGE

Wie dieses Kanji gezeichnet wird

ÜBUNG

Zeichnet und übt dieses Kanji unten

STILE

父 父 父 父 父 父 父 父

ONYOMI

ウ

u

KUNYOMI

あめ、あま

ame, ama

VOKABELN

雨天 (うてん)	**Regenwetter**	梅雨 (つゆ)	**Regenzeit**
雨水 (うすい)	**Regenwasser**	大雨 (おおあめ)	**starker Regen**
雨量 (うりょう)	**Regenmenge**	時雨 (しぐれ)	**Nieselregen**

STRICHFOLGE

Wie dieses Kanji gezeichnet wird

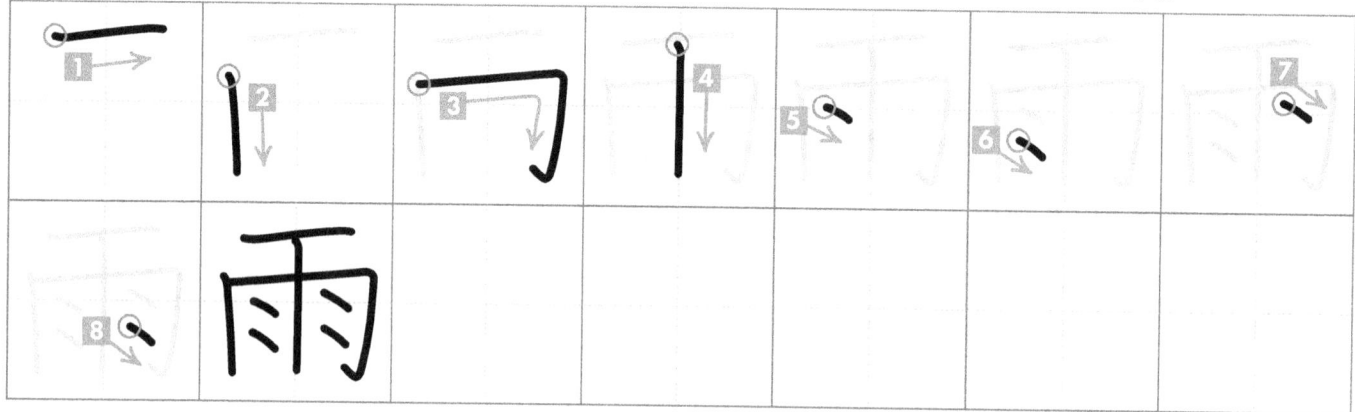

ÜBUNG

Zeichnet und übt dieses Kanji unten

STILE 雨 雨 雨 雨 雨 雨 雨 雨

GENKOUYOUSHI

RASTERPAPIER FÜR WEITERE PRAXIS

TEIL 9

FLASH-KARTEN

FOTOKOPIE BZW
AUSSCHNEIDEN
& BEHALTEN

a — Wird ausgesprochen wie das "A" in "Apfel".

i — Wird wie das "I" in "Igel" ausgesprochen.

u — Wird ausgesprochen wie das "u" in "zu".

e — Wird als "eh" ausgesprochen, wie das "E" in "Engel".
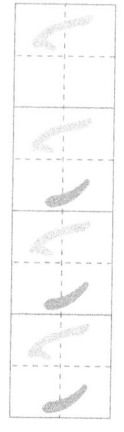

o — Wird ausgesprochen wie das "o" in "oben".

ka — Wird wie "Ka" ausgesprochen, wie in "Kaffee".

ki — Wird ausgesprochen wie das "Ki" in "Kiste".

ku — Ausgesprochen wie "Kuh".
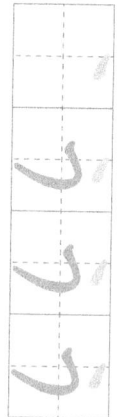
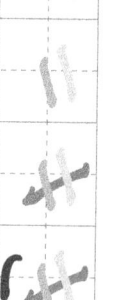

ke — Ausgesprochen wie das "ke" in "Keller".
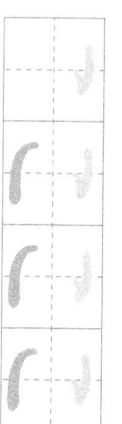
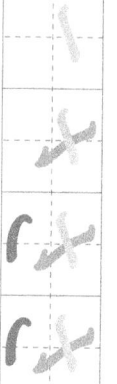
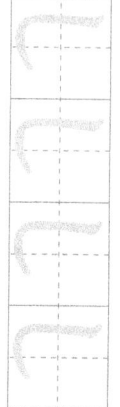

ko — Ausgesprochen "ko" wie in "Disko".

sa — Wird wie das "Ba" ausgesprochen, wie in "großartig".

shi — Ausgesprochen "schie" wie in "schieben".

す	ち	な
せ	し	に
え	て	ぬ
た	つ	め

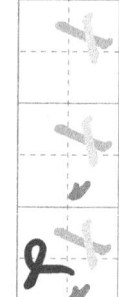

su

Ausgesprochen "su" wie in "super".

se

Wird ausgesprochen wie das "Sä" in "Säge".

so

Wird ausgesprochen wie das "So" in "Soja".

ta

Wird wie das "Ta" in "Tag" ausgesprochen, aber kürzer.

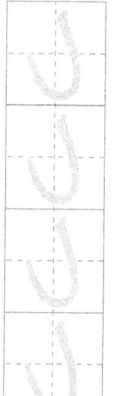

chi

Wird genauso ausgesprochen wie das "Chi" in "Tai-Chi".

tsu

Wird genauso ausgesprochen wie das "Tsu" in "Tsunami".

te

Wird ausgesprochen wie das "The" in "Thema".

to

Wird ausgesprochen wie das "to" in "toll".

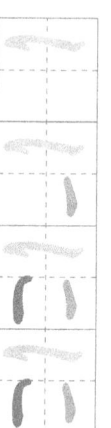

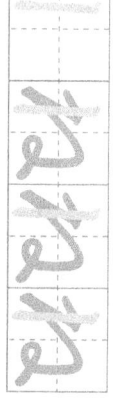

na

Wird ausgesprochen wie das "Na" in "Nacht".

ni

Wird ausgesprochen wie das "ni" in "niesen".

nu

Ausgesprochen wie das "Nu" in "Nudeln", aber kurz.

ne

Ausgesprochen wie das "Ne" in "Nest".

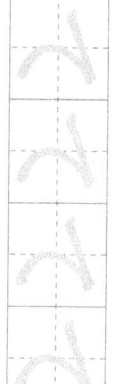
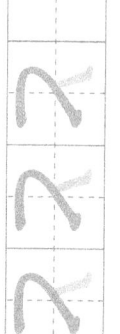

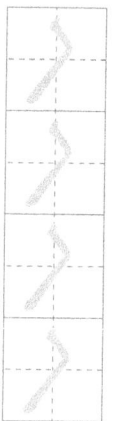

no

Wird wie das "No" in "Nordpol" augesprochen.

ha

Wird wie das "ha" in "hallo" ausgesprochen.

hi

Ausgesprochen wie das "Hy" in "Hymne".

fu

Ausgesprochen wie das "Fu" in "Fuji".

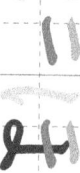

he

Wird wie das "He" in "Helga" augesprochen.

ho

Ausgesprochen wie das "Ho" in "Hochzeit".

ma

Wird ausgesprochen wie das "Ma" in "Maria".

mi

Wird als "mi" ausgesprochen, wie das "Me" in Medien.

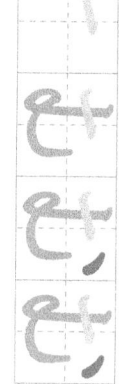

mu

Wird wie *"Muh"* ausgesprochen, wie eine Kuh klingt.

me

Wird als "meh" ausgesprochen, wie das "Me" in "Mensch".

mo

Wird genauso ausgesprochen wie das "Mo" in "Monat".

ya

Ausgesprochen wie das "Ya" in "Yak".

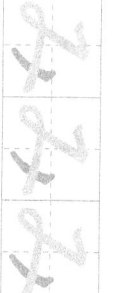

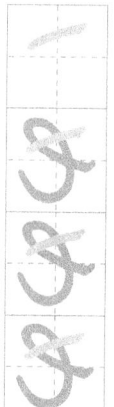

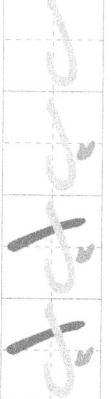

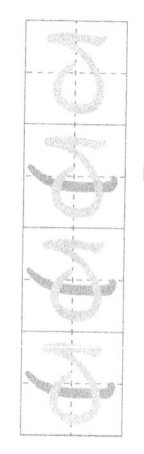

yu

Wird ausgesprochen wie das "Yu" in "Yucatán".

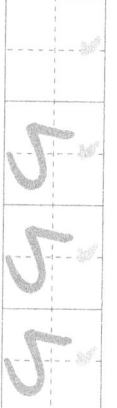

ra

Ausgesprochen wie das "Ra" in "Rahmen".

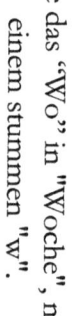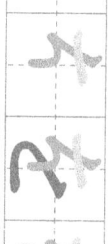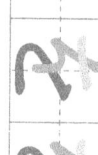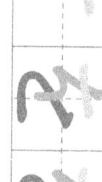

wo

Wie das "Wo" in "Woche", mit einem stummen "w".

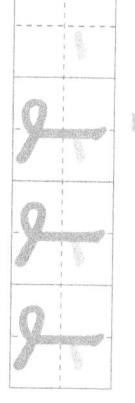

yo

Wird genauso ausgesprochen wie das "Yo" in "Yo-yo".

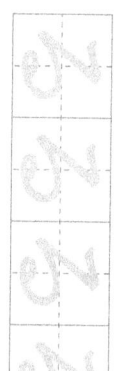

ru

Ausgesprochen wie das "Ru" in "Ruhe".

n*

Ausgesprochen wie der "n"-Laut in Wappen.

re

Wird ausgesprochen wie das "re" in "reden".

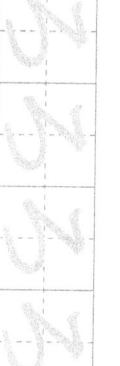

ro

Wird ausgesprochen wie das "ro" in "rodeln".

ri

Ausgesprochen wie das "Ri" in "Ringer".

wa

Wie das "Wa" in "Wagon", mit dem "w" von "Wut".

ス	カ	ち
イ	ク	リ
ム	井	キ
エ	カ	つ

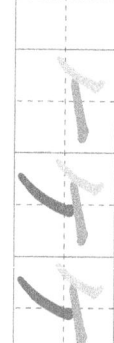

a

Wird ausgesprochen wie das "A" in "Apfel".

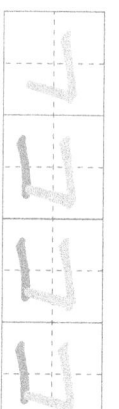

o

Wird ausgesprochen wie das "o" in "oben".

ke

Ausgesprochen wie das "ke" in "Keller".

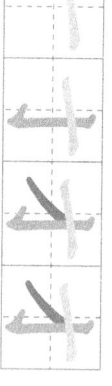

i

Wird wie das "I" in "Igel" ausgesprochen.

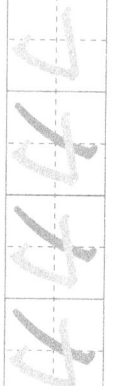

ka

Wird wie "Ka" ausgesprochen, wie in "Kaffee".

ko

Ausgesprochen "ko" wie in "Disko".

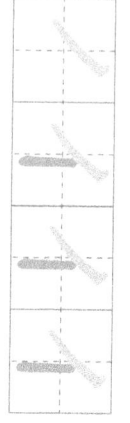

u

Wird ausgesprochen wie das "u" in "zu".

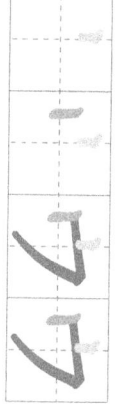

ki

Wird ausgesprochen wie das "Ki" in "Kinder".

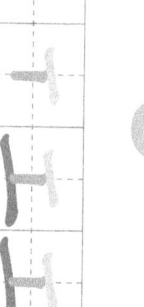

sa

Wird wie das "ßa" ausgesprochen, wie in "großartig".

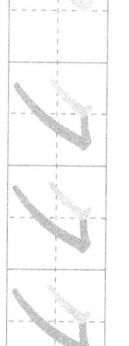

e

Wird als "eh" ausgesprochen, wie das "E" in "Engel".

ku

Ausgesprochen wie "Kuh".

shi

Ausgesprochen "schie" wie in "schieben".

su

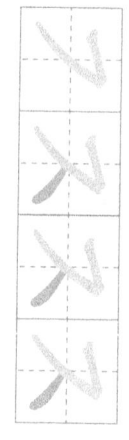

Ausgesprochen "su" wie in "super".

chi

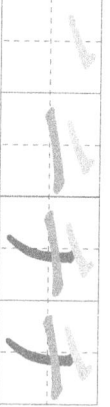

Wird genauso ausgesprochen wie das "Chi" in "Tai-Chi".

na

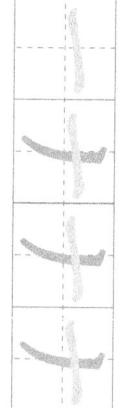

Wird ausgesprochen wie das "Na" in "Nacht".

se

Wird ausgesprochen wie das "Sä" in "Säge".

tsu

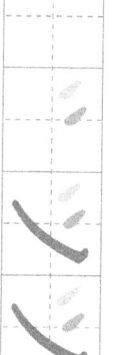

Wird genauso ausgesprochen wie das "Tsu" in "Tsunami".

ni

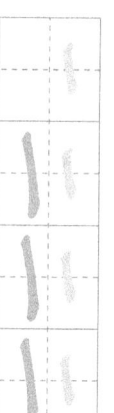

Wird ausgesprochen wie das "ni" in "niesen".

so

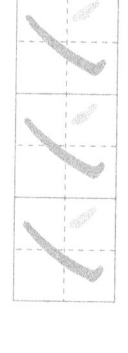

Wird ausgesprochen wie das "So" in "Soja".

te

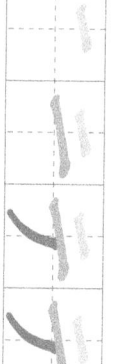

Wird ausgesprochen wie das "The" in "Thema".

nu

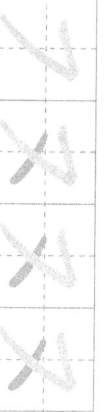

Ausgesprochen wie das "Nu" in "Nudeln", aber kurz.

ta

Wird wie das "Ta" in "Tag" ausgesprochen, aber kürzer.

to

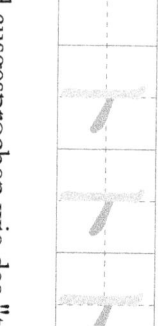

Wird ausgesprochen wie das "to" in "toll".

ne

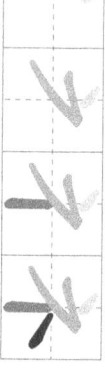

Ausgesprochen wie das "Ne" in "Nest".

no — Wird wie das "No" in "Nordpol" ausgesprochen.

he — Wird wie das "He" in "Helga" ausgesprochen.

mu — Wird wie "*Muh*" ausgesprochen, wie eine Kuh klingt.

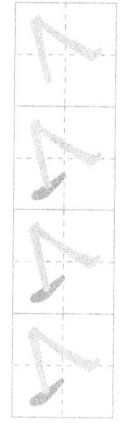

ha — Wird wie das "ha" in "hallo" ausgesprochen.

ho — Ausgesprochen wie das "Ho" in "Hochzeit".

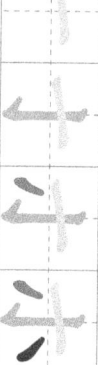

me — Wird als "meh" ausgesprochen, wie das "Me" in "Mensch".

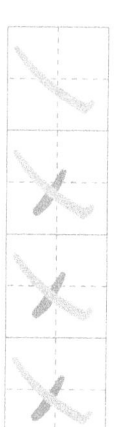

hi — Ausgesprochen wie das "Hy" in "Hymne".

ma — Wird wie das "Ma" in "Maria" ausgesprochen.

mo — Wird genauso ausgesprochen wie das "Mo" in "Monat".

fu — Ausgesprochen wie das "Fu" in "Fuji".

mi — Wird als "mi" ausgesprochen, wie das "Me" in Medien.

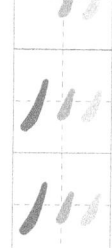

ya — Ausgesprochen wie das "Ya" in "Yak".

王　　入　　飞

目　　乞　　入

尺　　口

日　　刀

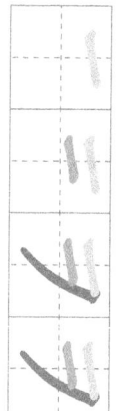

wo

Wie das „Wo" in „Woche", mit einem stummen „w".

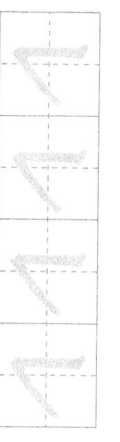

re

Wird ausgesprochen wie das "re" in "reden".

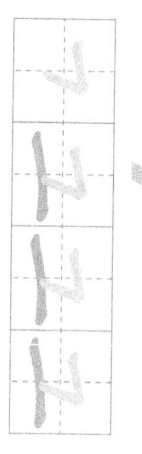

yu

Wird ausgesprochen wie das "Yu" in "Yucatán".

n*

Ausgesprochen wie der "n"-Laut in Wappen.

ra

Ausgesprochen wie das "Ra" in "Rahmen".

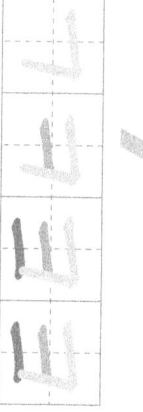

yo

Wird genauso ausgesprochen wie das "Yo" in "Yo-yo".

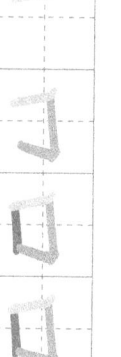

ro

Wird ausgesprochen wie das "ro" in "rodeln".

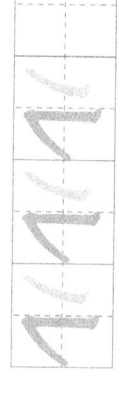

ru

Ausgesprochen wie das "Ru" in "Ruhe".

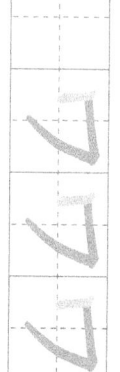

wa

Wie das "Wa" in "Wagon", mit dem "w" von "Wut".

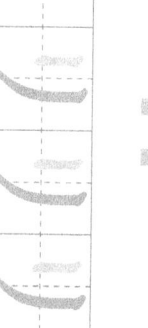

ri

Ausgesprochen wie das "Ri" in "Ringer".

日	丨	国
人	年	大
本	二	十
田	生	中

BEDEUTUNG

Tag, Sonne, Japan, Zählwort für Tage

RADIKAL 日

BEDEUTUNG

Person

RADIKAL 人

BEDEUTUNG

Buch, Gegenwart, wahr, Zählwort für lange schmale Gegenstände

RADIKAL 本

BEDEUTUNG

verlassen, herauskommen, hinausgehen

RADIKAL 出

BEDEUTUNG

eins

RADIKAL 一

BEDEUTUNG

Jahr, Zählwort für Jahre

RADIKAL 年

BEDEUTUNG

zwei, 2

RADIKAL 二

BEDEUTUNG

lang, Leiter, Vorgesetzter, Älterer

RADIKAL 長

BEDEUTUNG

Land

RADIKAL 国

BEDEUTUNG

groß

RADIKAL 大

BEDEUTUNG

zehn, 10

RADIKAL 十

BEDEUTUNG

in, innen, mittlere(r, -s), Mitte, Zentrum

RADIKAL 中

行	時	三
分	月	兒
生	前	後
上	間	五

今　曰　来

人　九　金

田　恒　羊

入　台　手

BEDEUTUNG
jetzt, die Gegenwart
RADIKAL 人

BEDEUTUNG
eintreten, eintragen 入
RADIKAL

BEDEUTUNG
Kreis, Yen (Japanische Geldeinheit), rund
RADIKAL 冂

BEDEUTUNG
acht, 8
RADIKAL 八

BEDEUTUNG
vier, 4
RADIKAL 口

BEDEUTUNG
neun, 9
RADIKAL 乙

BEDEUTUNG
groß, hoch, teuer
RADIKAL 高

BEDEUTUNG
draußen
RADIKAL 夕

BEDEUTUNG
Osten
RADIKAL 木

BEDEUTUNG
Gold
RADIKAL 金

BEDEUTUNG
Studium, Lernen, Wissenschaft
RADIKAL 子

BEDEUTUNG
Kind
RADIKAL 子

米	下	六
七	小	辰
女	語	日
百	午	北

BEDEUTUNG	RADIKAL
kommen, fällig, nächster, Ursachen, werden	来
sieben, 7	一
Frau	女
hundert	白
unterhalb, unten, hinuntergehen, geben, niedrig	囗
wenig, klein	小
Erzählung, groß	言
Mittag, Pferd (Sternzeichen)	十
sechs, 6	八
Geist, Luft, Atmosphäre, Laune	气
Berg	山
Norden	匕

名	先	書
水	千	川
西	男	羊
語	校	電

BEDEUTUNG
Name, bekannt, ausgezeichnet, Ruf

RADIKAL 口

BEDEUTUNG
vorhin, voran, vorher, zukünftig, Vorrang

RADIKAL 儿

BEDEUTUNG
schreiben

RADIKAL 曰

BEDEUTUNG
Wasser

RADIKAL 水

BEDEUTUNG
tausend

RADIKAL 十

BEDEUTUNG
Fluss, Bach

RADIKAL 巛

BEDEUTUNG
Westen

RADIKAL 西

BEDEUTUNG
Mann

RADIKAL 田

BEDEUTUNG
Hälfte, Mitte, ungerade Zahl, halb …

RADIKAL 十

BEDEUTUNG
Wort, Sprache

RADIKAL 言

BEDEUTUNG
Schule

RADIKAL 木

BEDEUTUNG
Elektrizität, elektrisch betrieben

RADIKAL 雨

BEDEUTUNG
Erde,
Boden

RADIKAL
土

BEDEUTUNG
Baum,
Holz

RADIKAL
木

BEDEUTUNG
hören,
zuhören, fragen

RADICAL
耳

BEDEUTUNG
was

RADIKAL
人

BEDEUTUNG
Auto,
Rad

RADIKAL
車

BEDEUTUNG
essen,
Essen

RADIKAL
食

BEDEUTUNG
jede(r, -s)

RADIKAL
毋

BEDEUTUNG
zehn-
tausend,
10.000

RADIKAL
一

BEDEUTUNG
Süden

RADIKAL
十

BEDEUTUNG
Mutter

RADIKAL
毋

BEDEUTUNG
Himmel,
kaiserlich

RADIKAL
大

BEDEUTUNG
weiß

RADIKAL
白

説　右　水

休　左　友

　　画　父

BEDEUTUNG	RADIKAL	BEDEUTUNG	RADIKAL
lesen	言	Pause, freier Tag, zu Bett gehen, schlafen	人
rechts	口	links	工
		Regen	雨
Feuer	火	Freund*in	又
		Vater	父

BEDEUTUNG · RADIKAL

ありがとう
arigatou

Danke

Danke, dass ihr euch für unser Buch entschieden habt!

Ihr seid jetzt auf dem besten Weg, Japanisch lesen, schreiben und sprechen zu lernen, und wir hoffen, dass euch unser Kanji-Arbeitsbuch gefallen hat.

Wenn es euch Spaß gemacht hat, mit uns zu lernen, würden wir uns freuen, wenn ihr uns in einer Bewertung von euren Fortschritten berichtet!

Wir sind immer daran interessiert zu erfahren, ob es etwas gibt, was wir tun können, um unsere Bücher für zukünftige Schüler*innen besser zu machen. Wir sind bestrebt, die besten Sprachlerninhalte zur Verfügung zu stellen. Bitte kontaktiert uns per E-Mail, wenn ihr ein Problem mit einem der Inhalte in diesem Buch habt:

hello@polyscholar.com

Du möchtest mehr Übungsseiten? Scannen Sie den QR-Code oder besuchen Sie https://amzn.to/3CNBRqz, um ein Notizbuch zu erhalten.

POLYSCHOLAR   **www.polyscholar.com**